「めんどくさい」をやめました。

―口癖の断捨離―

やましたひでこ

JN075523

祥伝社黄金文庫

Prologue

さあ、言葉も断捨離してみようか！

第1章

私が断捨離したい三つの言葉
「めんどくさい」「つまらない」「しょうがない」

第2章 「行かない」「行かれない」「行きたくない」

じつは、自分をないがしろにしている言葉

第3章 「忙しい」「大変」「疲れた」

ポジティブへの言い換えでは解決しない

第4章 「お金がない」「時間がない」どうせなら「ある」関係を築きたい

第5章 「大丈夫」「ごめんなさい」「お蔭さまで」 そこにある人生の記憶

第6章 「めんどくさいから」「つまらないから」「しょうがないから」

もしかしてそれは「踏ん張り時」のサインかもしれない

Prologue

さあ、言葉も断捨離してみようか！

言葉と快適な関係を築く

「家」よりももっと身近な環境

私たちは身近な環境から大いに影響を受けるもの。そうは思いませんか。自分から遠い世界の環境がどんなに素晴らしくても、あるいはまた、どんなにすさんでいたとしても直接には無関係。でも、身近な環境、たとえば、いつも住み暮らしている住空間が整っているか否《いな》かの違いで、気持ちを調《ととの》えるうえでは大きな差が生じてしまうことを否定する人はいないでしょう。

けれど、このシンプルな事実を、私たちは案外と忘れてしまうもの。だからなのか、わざわざ遠くの神社とかパワースポットと見做《みな》されている浄化の場には、張り切って出掛けて行くことはあるけれど、家に戻ってみれば、たちまち、カオスと化している混沌《こんとん》空間にまみれて、せっかくの浄化を台無しにしてしまっていることに気がつかない。それでいて、「ああ、現実とはこんなもの……」なんてため息《いき》をついてみたり、そんなことを時々繰り返しながらの毎日を送っているのです。

だとしたら、身近な環境にもっと意識を向けていこうか。

もっと、身の回りの有り様に自覚的になってみようか。

そうですよね、そのほうが、自分にとってどんなに得策なことか。つまり、断捨離とは、そんな視点を持って、住環境を整えていくものなのです。つまり、断捨離の最初のアプローチは、自分の家にひしめくモノたち、自分の部屋を埋めつくすモノたちに自覚的になること。**自分とモノとの関係を見つめ直し、問い直して、快適な空間を取り戻していくこと。**ごきげんな毎日を過ごすために住空間を清々《すがすが》しい爽快《そうかい》な環境へと創造していくものなのです。

けれども、本書での私の提案は住空間の環境整備の断捨離ではありません。じつのところ、**一番身近な環境とも思える家よりも、もっと身近で切っても切れない大きな影響を受けるものがあるのです。**

それは、**言葉**。

そう、**自分がどんな言葉の環境「言語空間」のなかに身を置いているか。**このことを意識するほうがもっと重要なこと。なぜなら、言葉とは、私たちに「影響」を与えるという以上に、私たちを「支配」してくるものだから。しかも、そのうえ言葉ほど自覚することが難しいものはないのです。

自分の周囲に飛び交う言葉たち。自分自身が周囲に向けて繰り出している言葉たち。周囲の人々も、私たち自身も、自分の口癖には無自覚無意識。その意識の及ばない言葉の環境に自分の人生がコントロールされているとしたら……。それは怖ろしいこと。

けれど、いいえ、必要以上に怖ろしく思う必要はないですね。言葉の支配が強いのであるならば、その言葉を変えていけばいいだけのこと。**身の回りの言葉をより良く自分の人生に機能する言葉に入れ替えていけばいいのです。**

そうです、環境には、大きく分けると二種類がある。「自分で変えられる環境」と「自分では変えることができない環境」。この二種類の環境は、さらに、「近い環境」と「遠い環境」とに分けることができる。ならば、なにも、後者ばかりを選ぶ必要はないですよね。遠くて自分では変えられない環境に焦点を合わせるのは、とんでもない消耗《しょうもう》が待っているだけ。まずは、**身近で自分自身の意図意志でいかようにも変えていくことができる言葉に焦点を当てることが、どんなにクリエイティブなことか**は理解できるというもの。

モノを選び抜いて断捨離するように、言葉を断捨離してみようか

さあ、言葉に注目してみよう。私たちが朝起きてから夜寝るまでの間に使っている言葉たちに。

人と接するときにどんな言葉を使っているのか。たとえ誰とも会うことがなく、言葉をひと言も声に出さないとしても、私たちは、言葉を介してあらゆることを感じ、思い、考えているはず。

自分が話す言葉。
耳で聞く言葉。
文字で読む言葉。

言葉とは、単語、語頭、語尾、使い方、使うタイミング、使う相手、使うトーン等々、いろいろな要素とさまざまな側面をあわせもつ環境。たしかに、住環境と違って、目には見えないけれど、言葉はつねに私たちに付きまとうもの。

言葉はつねに私たちとともにあるのです。

だから、言葉をないがしろにしてはならない。そうだ、言葉をぞんざいに扱ったまま捨てておくわけにはいかない。

けれど、たしかに、**モノと同じように断捨離することはできるはず。言葉を意識的に選択し選び抜くことによって。**

そう、モノと自分との関係を見つめ直すことによって住環境を整えていくことができるように、言葉と自分との関係を見つめ直すことによって人生を調えていくことができるのです。

自分と言葉との関係を見つめ直せば、
人生を調えていけるはず。

第1章

「めんどくさい」
「つまらない」
「しょうがない」

私が断捨離したい
三つの言葉

01

「めんどくさい」は関係を断つ言葉

暮らしの大半は面倒なメンテナンス作業

生きていくことは暮らしていくこと。その暮らしの大半は、メンテナンスだと思うのです。片づけも掃除も洗濯も暮らしを整えていくためのメンテナンス。もちろんご飯を作って食べることも、私たちの命をつないでいくための大切なメンテナンス。

いいえ、メンテナンスという言葉だと、なんだかただのルーティンワークのようで雑務とし か捉《とら》えられないかもしれない。だとしたら、**これらすべては命をケアするも**

のと理解したらいい。

それでも、これら命のケアはあまりに日常すぎて、積んでは崩す、あまりに切りのないことなので、ついつい虚《むな》しい作業のように思えてしまうもの。

だから、そこで漏《も》れて出てくる言葉は「めんどくさい」。


「断捨離はめんどくさい」「掃除機をかけるのはめんどくさい」。洗濯機はなんとか回したけれど「それを干《ほ》すのはめんどくさい」。疲れてしまって「お風呂に入るのもめんどくさい」。ああ、こんな役にもたたない数学の「試験勉強はめんどくさい」。今日の仕事予定の「会議だってめんどくさい」。

「めんどくさい」という言葉は、それこそ、大人も子どもも、性別も職業も問わず多くの人が口にする言葉です。そういえば、家事嫌いだった私の母も「めんどくさい」と一日のなかで何度も繰り返していたよう。かくいう私も、今まで、この言葉をどれだけ使っていたかしれない。

「面倒」で人はつながる

「めんどくさい」の「めんどう」を漢字にすると「面倒」となります。「面倒」とは、「手間がかかったり、煩《わずら》わしいこと」「体裁《ていさい》が悪いこと。見苦しいこと」といったマイナスの意味あいで意識することが多いけれど、同時に「世話」という意味を持っています。「子どもの面倒をみる」「後輩の面倒をみる」といったふうに。

そうですね、私たちは、人の面倒をみたり、逆に人から面倒をみてもらったりすることによって、つながりを築いているのだから。

「面倒をみる」ことは、私たちにとって大切な行為。けれど、その反面、手間のかかることでもあり、厄介《やっかい》なことでもある。そのため、「面倒」という言葉そのものが「煩わしく、愉《たの》しくないこと」を表わすようになったのかもしれない。そして、さらに「面倒」という言葉の後ろに「くさい」がついてしまうと、「手間がかかる」「煩わしい」といった負《ふ》の側面だけが強調されてしまいます。

たしかに毎日の暮らしは面倒なことの繰り返し。

今にして思えば、家事嫌いの私の母が口癖にしていた「めんどくさい」という言葉。その言葉を明け暮れ耳にしていた子どもの頃の私は、まるで母にとって私という子が「面倒で厄介な存在」、つまり、母の毎日の暮らしを応援する「味方の子」とはなりえず、「敵の子」なのだと思い込むはめになったのですね。「めんどくさい」は、まさにその役割を存分に果たしてしまったのです。母はただ家事労働に対してつぶやいていたはずなのだけれど。

敵と孤独を生んでいた

そうですね、「めんどくさい」を耳にした子が「自分は厄介な存在だ」と思い込んだように、「めんどくさい」という言葉は「あなたは味方ではない」というメッセージを発信する。つまりそのひと言を口にするたび、知らぬ間に「敵」を増やしていると言い換えてもいい。ましてや、それが無自覚な口癖となって頻繁《ひんぱん》に発せられているとしたら、知らないうちに周りは敵だらけになっていく……。いいえ、正確に言えば、無自覚な言葉でもって、自らが人とのつながりを断ち、周囲に「敵」を増やしているのです。

私たちはさまざまな物事や、さまざまな人たちとつながり、そのつながりのなかで生きています。もしも、「めんどくさい」を繰り返しつながりを断っていけば、結果的に自分自身を孤立させ、人生の広がりを狭《せば》めてしまいます。

つながりは、時に煩《わずら》わしさを伴うことはたしか。けれど、つながりなくしては生きてはいけません。

すべてを、モノもコトもヒトも、敵に回し、自分自身を孤立させるような言葉を自ら発する必要はありませんよね。

私たちは、ある程度までなら「めんどくさい」と思わずに、面倒な物事を断捨離し、処理していくことができます。「めんどくさい」と感じてしまうのは、面倒な物事の数が過剰な場合、またはその面倒な度合いが過剰に高まった場合です。

であれば、「めんどくさい」という言葉が口からこぼれそうになった瞬間に、その言葉を言うかわりに、**手を休め、ひと息つくという対処法もあります。**また、「めんどくさい」人と関わるのであれば、**意図的にその人との距離を置くことで、面倒に感じる密度や頻度を減らすこともできます。**

少し休めば、面倒なことでもやり遂げる気力が戻り、距離を置けば、面倒に感じる相手を許容するゆとりが出てくるかもしれません。

疲れきった看護師さんのひと言に思う

さて、私の母に限らず、「めんどくさい」が口癖となっている人は決して少なくありません。それこそ、どこからでも飛んできて耳に飛び込んでくる言葉でもあるし、私自身も「めんどくさい」と思う仕事は山ほどあるし、「面倒だ」と感じる人はいくらでもいる。

けれど、この聞きなれたはずの「めんどくさい」、自分でもつい漏らしてしまう「めんどくさい」を、ある看護師さんが口にするのを聞いたとき、さすがに胸が痛くなりました。看護師さんは、人の命を直接ケアする仕事に携《たずさ》わっている人たちです。人の面倒をみることを仕事としている人が、「自分の部屋を片づけるのがめんどくさい」と言ったのです。

きっと、この看護師さんは、過重労働、長時間労働で疲れているのでしょう。夜勤明け、大変な仕事を終えてやっと家に帰り着いたら、もう何もする気が起きず、グチヤグチャになった部屋で布団に潜《もぐ》り込むしかないのでしょうか。
人の命を直接ケアする人たちにこそ、仕事から解放されたら、心地よい環境に身を置き、そこでホッとくつろいでほしい。けれど、くつろぎを必要としている人たちが、自身の環境を整えることをめんどくさいと思うほど疲れきっているのです。これは、とてもとても残念でやりきれないこと。

自分の面倒さえみたくない。他者の面倒なんてもっとみたくない。自分の命のケアも面倒で大変。ましてや、他人の命のケアまでとても面倒でできっこない。そう、私は「めんどくさい」の言葉を耳にするたびごとに、暮らしていくことを、生きることを、丸ごと否定しているように聞こえてならないのです。

「めんどくさい」は、自分との関係も、他者との関係も断ち切る言葉。
「めんどくさい」は、命を育《はぐく》むのを放棄した言葉。

私たちは、好むと好まざるとにかかわらず、死ぬまでは生きていかなくてはなりません。「めんどくさい」といってさっさと死ぬことができるわけもありません。生死は神様が決めること。不健康で病気ばかりを繰り返していても長く生き続ける場合もあるし、また、その逆に、若くても元気溢《あふ》れる人でもあっけなく命を落とすこともある。

この神の計《はか》らいともいえる命を授かってから、ずっと終わりの時を迎えるまで生き続けるのが私たちです。

であるならば、「めんどくさい」という言葉を言い続けることがどんなに無益で、いえ、無益どころか、自分と周囲の人たちをどんなにか損《そこ》なう言葉であることを、意識しすぎてもしすぎることはないでしょう。

「めんどくさい」とは、
生きていくことを否定していること。

Q2

「つまらない」は運を捨てる言葉

否定の「ない」を外してみても……

「めんどくさい」と同じように、とても気になるのが「つまらない」という言葉。なるほど、この言葉を連発するのは、毎日の暮らしは、面倒でつまらないことばかりの連続だと感じながら生きているということなのかと、そう思うと暗澹《あんたん》たる気持ちにもなるというものです。

「つまらない」、即《すなわ》ち、「退屈で」「面白くなくて」「とるに足《た》らなくて」といった意味で使われるこの侘《わび》しい言葉。でも、よくよく考察してみると、とても興味が湧《わ》いてくる面白い言葉でもあるのです。

「つまらない」を分解すると、「つまる」が「ない」となります。つまり、「つまらない」は「つまる」の否定形。だとしたら、「ない」をとって原形に戻せばプラスの意味に転じてもいいはず。「おもしろくない」の「ない」をとれば、明るくポジティブなイメージの「おもしろい」になるように。けれど、どうでしょう。「つまる」という言葉には、じつのところポジティブなイメージは感じませんよね。

たとえば、下水が汚物で詰まっている。たとえば、血管がコレステロールで詰まりきっている。高速道路にいっぱいの車が詰まって大混雑の渋滞。せっかくの収納空間も使いもしないガラクタたちが隙間《すきま》なく詰まっている。このような状況は不快極まりないこと。

だから、**「つまらない」という言葉はポジティブワードと捉えてもいいはず。**そう、下水も血管も道路も収納も「つまらない」状態であったならば快適な流れがあるのですから。もちろん、頭のなかも、心のなかも同じ。古い固定観念の思考で煮詰まっているのなら、不安な思いから暗い気持ちを詰まらせているのなら、「つまらない」ことのほうがいいに決まっているのです。

だから私は、逆に、この言葉に、こんな強いメッセージを感じるのです。

ああ、あなたは、今、とんでもないことで詰まりきっていますよ！
さあ、早くそれに気づいて！
さあ、早くその詰まりを取り除いて！
さあ、早く流れを取り戻すのですよ！

これは自分自身の内なる叡智《えいち》〈内在智《ないざいち》〉からのメッセージ。しかも、わざわざ不快な感情を呼び起こすという技まで駆使して知らせてくれている……。そう思えてならないのです。なぜなら、私たちは心地よい感覚よりも不快なことのほうに気がつきやすいはずだから。

それは「運気停滞」を知らせるサイン

ですから、**「つまらない」と思ったときは、自分を振り返る機会がやって来ている**と考えてみるのです。「つまらない！　つまらない！」と口にするだけで済ましてはならないのです。

今の自分の暮らし、今の自分の仕事、今の自分の人間関係、ひいては今の自分の人生を、詰まらせている要因は何なのか。この停滞感はどこから来ているのか。「詰まり」を特定し、その「詰まり」を取り除いていく。そして、暮らし、仕事、人間関係に新たな流れを招《まね》き入れる、そんな行動を起こすとき。

つまり、「つまらない」という言葉はとても大切な機能を持っているということ。

「つまらない」と思い感じることをそのまま放置してしまえば、「詰まり」が「詰まり」を呼んで「運気」の流れを詰まらせる。「運気」とは、「気」の運び。けれど、詰まりを解消すれば、「気」はちゃんと「運ばれて」くるのですから、この大切な機能を疎《おろそ》かにしている場合ではありません。

そう、「つまらない」という言葉を、上手に使いこなし自分に役立てれば、じつは、「運気」を取り戻すことになるのです。

ところで、余談ながら、「つまる」には、「途中が塞《ふさ》がって通じなくなる」という意味に加えて**「最後のところまで行く」「行き着く」**という解釈があります。将棋でいえば「詰む」、王将が囲まれて逃げ場がなくなり負けるということ。要するに閉塞《へいそく》された環境で閉塞状態にあるということ。

だとしたら、「つまらない」状態の自分に気がつくことは、とても素敵なことだと思えてきませんか、どうでしょう。そう、まだ完全には負けてはいないのだから。

私は何に「詰まって」いるの？

03「しょうがない」は命から離れる言葉

真逆な二つの意味を持つひとつの言葉

私たちが日常でよく使う言葉で、不思議なことに、ひとつの言葉でありながら真逆の二つの意味を持つ言葉がありますね。その代表格が「しょうがない」と「適当」。そして、それに追随《ついずい》しているのが「いい加減《かげん》」。そうは思いませんか。

「適当」とは、文字どおり、「適している」「当てはまっている」という意味であり、また「ほど良い状態」を指す言葉。けれど、「いい加減」な態度や振るまいの人を「テキトーな人」と非難する言葉にもなる。その「いい加減」にしても、「加える」ことも「減らす」必要もないちょうどいい状態、たとえば、お風呂のお湯の温度を表わすときに使うこともある。

たしかに、言葉とは、お付き合いが大変な生き物のよう。私たちが、言葉をどう使いこなしていくか、また、使い込んでいくかで、まるで性質が違ってくる。それは、やんちゃな小さな子どもをいかに躾《しつ》けていくかで思いあぐねるのと同じ。元気で活発であってほしいのはもちろんだけど、大人《おとな》しく親の言うことを聞いてほしくもありますから。

さて、ここで取り上げる三つ目の言葉、「しょうがない」。この言葉も侮《あなど》ってはならない言葉だと私は思うのです。

「仕様《しよう》」はマスターすればいい

たとえば、私がよく承《うけたまわ》る「断捨離」のお悩み相談。たいていの方は、このお悩みをこんなふうに私に訴えるのです。断捨離できないのは、「家が狭《せま》いからしょうがない」「家族が多いからしょうがない」「忙しくて時間がないからしょうがない」。

たしかにそうですね、断捨離できない諸事情は誰にだってあるものです。でも、断捨離できないこと、その状態に、困って悩んでいるのです。だとしたら、「しょうがない」と言い続けながら解決を遠ざける理由にしがみついている場合ではありませんよね。

「しょうがない」とは、漢字で「仕様がない」と書きます。

仕様とは、何かを「するさま」であり、方法や手段のこと。だから、取り扱い方や使用法が書かれたマニュアルが「仕様書」というわけです。

つまり、「しょうがない」とは、「取扱書」がない状態、即ち、取り扱い方を知らない、わからない。あるいは、知っていてもそれが身についていないこと。そう、断捨離にたとえるならば、「部屋が片づかなくてしょうがない」のは、空間の取り扱い方を知らない、「モノが散らかってしょうがない」のは、モノの取り扱い方がわからないということ。

ならば、知ってわかるまで「取扱書」を読み込んで、それを習得するまでトレーニングが必要となってくるのです。それは、楽器や語学の本を読んだだけで、すぐ曲をスラスラと演奏できたり、外国語をペラペラと話せることにはならないのと同じ。

人生を停滞させる言葉

そうですね、あらゆる方法を試したけれど、これ以上手の施《ほどこ》しようがない。いろいろアプローチをかけたけれど、もう打つ手が見当たらない。そうであれば、「よくここまで頑張ったね」とねぎらいたくもなります。そんなときの「しょうがない」には、ある種の諦観《ていかん》、潔《いさぎよ》さと清々しさがある受容が宿ってくる。

ところが、これを最初から「しょうがない」と言うばかりで、なんの行動も起こさずにいたとしたら、それは、**はなから解決する気がないのも同じ。現状は何も変わらず、ただ悩みのなかをずっと漂《ただよ》うことになる。**

安易に「しょうがない」を使い言い続けると、人生は停滞の深みにはまり、自らがそこに沈んでいく。停滞とは、命のメカニズムとは真逆の世界。そう、「しょうがない」とは、**自分の命から離れる言葉**なのですね。

さて、この「しょうがない」には、もっと凄《すさ》まじい意味もあるのです。「しょうがない」とは、「性がない」。そして、この「性」が「本性」の「性」であるとしたら、まさにそれは、自分の本質を見失っている状態。

ここまで言えば、私が「しょうがない」とは命から離れる言葉だと言う気持ちも理解していただけるかと。

それでも、この「しょうがない」には、こんな使い方をするときもある。そう、

「これがやりたくてしょうがない」「それをしたくてしょうがない」といったふうに。

どうでしょう、このときの「しょうがない」はきっと、命を丸ごとかけてもいいくらいの意気込みなのだと思いませんか。

無自覚な「しょうがない」は人生を停滞させる。

第2章

「行かない」「行かれない」「行きたくない」

じつは、
自分をないがしろに
している言葉

01

言葉で自分を誤魔化《ごまか》す

「行きません」とは言えない私たち

子どもの頃、私たちは自分の気持ちをストレートに伝えることができたはず。それが、良好なコミュニケーションづくりに機能したかどうかはともかくとして。「一緒に遊ぼうよ!」と誘われ、遊びたければ「うん、遊ぶ」と応じ、遊びたくなければ「ダメ、遊ばない」と言ったはず。また、「公園に行く?」と聞かれ、行きたければ「行く」と答え、行きたくなければ「行かない」と答える。そう、「YES」「N

O」のシンプルな対応で済んでいたのです。

でも、大人になった今、こんなシンプル且《か》つストレートな言葉の対応で済ますことは稀《まれ》なこと。私たちは、成長する過程で、このような返答の仕方が他者との間に摩擦《まさつ》を生む可能性があることを学び、いつしか気持ちに即した言葉遣いを避けるようになります。

たとえば、仲良しグループのメンバーから、旅行に誘われたとしましょう。当然、一緒に行きたい気持ちがあれば、素直に「行きたい！　行く！」と口にする。それが、少しばかり気が重たく感じる相手からのお誘いであり、行きたい気持ちもまったく起きないとしたら、なんと言って断るか。そう、たいていはこんな言葉遣いとなるでしょう。「都合がつかなくて行かれません」と。「行きません」というキッパリとした言葉にはならないはず。

まず初めに、「都合がつかなくて」という言い訳じみた枕《まくら》が付き、「行かれない」という「れ」が入った可能性を示す「助動詞」が入る。しかも、それは、無意識な言葉遣いであるのです。どうでしょう、そうは思いませんか。

さて、私たちは、その「枕詞」と「助動詞」にどんな気持ちを込めるのか。

おかしなことに、私たちは、「断る」ことに後ろめたさを感じてしまうよう。どういうわけか、断ることに申し訳なさを覚えるのですね。言い換えれば、その感覚は、「断る」ことへのマイナスのイメージ、断ることは決して「いいことではない」という思い込みが背景にあるようです。だから、断る正当性を示す言葉がまず最初に出てくる。

そして、同時にこんな感情も持っているのです。自分が断られたときの淋《さび》しいような切《せつ》ないような気持ち。それは、まるで、ただの事柄が断られただけなのに、自分の存在が断られたかの如《ごと》く感じてしまう場合だってある。なので、自分が断る側に回ったときは、できるだけ相手を傷つけないように婉曲《えんきょく》表現を探し出して使おうとする回路が働く。

言わないのか、言えないのか

けれど、この一見、相手への思いやりとも思える表現には、もう少し厄介《やっかい》な自分が潜《ひそ》んでいる場合だってあるのです。

それは、**「人に悪く思われたくない私」**。あるいは、**「人に嫌われたくない私」**。

断るのも断られるのも厭《いや》なこと、悪いこと。だから、そんな厭な悪いことをしたら大変、自分が悪くなって嫌われてしまう。そんな「怖れ」を無意識にオブラートに包み込んだ言葉遣い。

たしかに、行きたくない気持ちを、「行かない!」と言うよりは、「行かれない」と表現するほうがずっと穏《おだ》やか。相手の気持ちを損《そこ》なう程度もずっと低くなる。さらに、「行きたくない」という本心を相手に悟《さと》られないまま済ますことも可能。節度《せつど》ある大人の言葉の使い方であることは間違いないこと。

けれど、これを意識して区別しておいたほうがいい。

「行きません」と言わないのか。「行きません」と言えないのか。

そうだ、**「言わない」**のと**「言えない」**のとでは、自分の有り様が大きく違う。しかも、それは無意識の領域でのことだからなおのこと。

「言わない」のは意図意志。自分の意図意志に基づいた配慮でもあり思慮。けれど、「言えない」ということはその相手との対人関係において、なんらかの怖れを抱いていること。そして、その「怖れ」の感情よりもっと問題なのは、その自分の「怖れ」に気づいていないことのほう。

どうも、私たちは、いつの間にか自分の本心を誤魔化《ごまか》すことを習《なら》い性にしてきたようだ。「〜したくない」という否定的な欲求も、ネガティブな「怖れ」という感情も。しかも、自分自身の言葉遣いによって、さらにそれを覆《おお》い隠していくかのよう。

欲求や感情に善悪も正誤もないはず。いいえ、もし、それが、「悪」となり「誤」となって作用するのだとしたら、それは過剰に増殖したときと場合だと。だから、自分の否定的な欲求もネガティブな感情も認めてあげたほうがかえってしおらしくなるはず。なぜなら、認めてもらえなければかえって認めてほしさにもっとより強く主張しだすのだから。

せめて、自分だけは、自分の気持ちを誤魔化さないでいたい。自分の気持ちに添わない言葉を無自覚に吐き続けないでいたい。**あえて他者に自分の気持ちを隠すときは意識して戦略的に使いたい。**そうすれば、自分の気持ちすらわからなくなってしまうことは、ずっと少なくなるはずだから。

私は「行けない理由」を懸命に探した

さて、こんな「言葉の意識化」に取り組んでいる私も、いいえ、そのつもりのはずの私も、無意識の自分の思考パターンに陥《おちい》っていることはいくらでもあります。それは、かつてほどでないにしても、今もってそんな自分に気がついてひとり苦笑をすることがあるのです。

それは、とあるセミナー・ツアーのお誘いを受けたときのこと。それは私にとって、まさにそのとき、興味関心のあった歴史上の大人物の足跡を探訪するというツアー。ぜひとも参加したいと思った私は、その半年後のセミナーに備えて「行くべき理由」を周囲に向けて饒舌《じょうぜつ》に語り出したのです。なぜ、そんな行動をとったのか。それはとても行きたかったから。いえ、そうではありません。たしかに行きたいと思った、それは事実間違いのないこと。

けれど、その饒舌さの理由は他にあった。それは、振り返って今でこそわかった理由なのですが。

つまり、そのセミナーの開催地は遠く離れた辺鄙《へんぴ》な場。その大人物が「光明を得た」とされる断崖絶壁にある小さな洞窟を探訪して冥想《めいそう》をしようとする、いわば、モノ好きが高じたともいえなくもない企画。当然のことながら、費用も時間も嵩《かさ》むもの。つまり、私はその辺鄙探訪冥想ツアーに、仕事を休んでまで、しかも、多額の出費を覚悟してまで参加することを無意識のうちに後ろめたく感じていたのでしょう。だから、その後ろめたさを必死に払拭《ふっしょく》するべく、私が参加する「正当な理由」を喋《しゃべ》っていたにすぎないのです。私の周囲の人たちにとっては、どうでもいいことなのに。

ところが、そのツアーの日が、いざ近づいてくると、私はすっかり行きたくなくなっていたのですね。もう、その大人物への熱が冷《さ》めてしまっていたのでしょう。でも、すでに冷めてしまったと自分で認めるのはなかなか難しい。だって、私はこんなにも自分が飽《あ》きっぽい性分《しょうぶん》であることを自覚することに抵抗を覚えたし、なにより、飽き性だと周囲に思われることが厭だったのでしょう。

しかし、行きたくないと思いだした。それは、このツアーにかかる費用と時間がとても惜《お》しく感じられだしたことがなによりその証拠。当初はあんなに頑張って捻出《ねんしゅつ》した費用と時間なのに。

おわかりですよね、次に私がとった行動が。こんどは、「行かれない」という正当な理由を次から次へと数えあげて口に出したのです。「だって、仕事が立て込んでいる」「だって、こんなに休んだら皆に迷惑がかかる」云々《うんぬん》と。

そう、事実はこれだけのはず。「行きたい」と思ったことが「行きたい」と思わなくなった。私が心変わりをしたという私だけのシンプルな理由がそこにあるだけ。にもかかわらず、「行くべき」理由と「行かれない」理由の正当性をわざわざ順番に創り上げるというひとり芝居を周囲に演じた滑稽《こっけい》な私。

最終的に、その滑稽な自分に気がついた私は、単刀直入な「行きません」でもなく、言い訳がましい「行かれません」でもなく、「行けなくなりました」とだけ言ってツアーをキャンセルしたのです。もちろん、「行きたくなくなったので」という自分の気持ちは意図的に割愛《かつあい》して。

思い込みと誤魔化しのなかで

以上、恥ずかしながらの私の経験。

けれど、私だけではなく、誰しもこんなパターンに嵌《は》まるのを思い当たることはないだろうか。行きたければ行きたい、行きたくなければ行きたくないと、ためらうことなく無邪気に言えたのはずっとずっと以前の子どもの頃のこと。いえ、その子どもの頃でさえ、親の顔色を窺《うかが》いながら、気持ちを表わす言葉をぐっと飲み込んでいたかもしれないのですから。

私たちは、思い込みと誤魔化しの間を行ったり来たりしながら、他者と自分の間をゆらゆらと彷徨《さまよ》いながら人生を歩む動物なのかしらね。そして、その往来《おうらい》と彷徨《ほうこう》のさまが、見事なばかりに無意識の言葉の使い方となって現われる。

その自分でも気づいていない自分自身の言葉の有り様に、少しでも気づいていけたのならば、それから、より巧《たく》みに言葉を用いることができるようになれたとしたら、私たちは、ずいぶんと自在な人間関係を周囲との間に築いていけるだろう。なにより、その往来と彷徨を、自分を確立していく意義ある面白い経験として、受け入れていくことが可能になるでしょうね、きっと。

「行きません」と言わないのか、
「行きません」と言えないのか。
それを自覚していたい。

02

言葉で自分を規格に嵌《は》める

「したい」と「できる」、「したい」と「する」

私たちはさまざまな欲求、ニーズを持っています。あれもしたい、これもしたい、ああなったらいいな、こうなったら素敵だなといった、願望、希望を誰だって持っているはず。

さて、そんな程度の違うそれぞれのニーズをどうやって満たしていきましょうか。

願望、希望をどうやって叶《かな》えていきましょうか。

そうですね、満たすためには、叶えるために、まず最初にすることはこれ。**自分自身のニーズたちに素直になることです。**自分が何を求めているのか、何を願っているのかをきちんと認める。

それから、それらをリクエストする、つまり、周囲に向かって表明するのです。もちろん、言葉を使って。そして、**実現に向けた行動に移る**。

ところで、自分のニーズには、二つの種類があるとは思いませんか。ひとつは、自分だけのもの。たとえば、これを食べたい、あれが欲しい、もっとぐっすりと眠りたいといった類《たぐい》の欲求は、自分が行動を起こせば済むことでもあるし、外国語が話せるようになりたいと願うのであれば、自分が努力を重ねていくしかないのです。

けれど、もうひとつのニーズは、誰かしら他者が介在するもの。たとえば、恋人が欲しい、結婚したい、赤ちゃんが欲しい、といったそんな願い。これはもう、どうあっても一人では無理。お相手になってくれる存在があってのこと。しかも、そのお相手にも各々種々のニーズがあるのです。

自分の「したい」に素直になる

では、まず、自分だけで、なんとかなりそうな、なんとかすることのできそうなニーズを考えてみましょうか。

最初にするべきことは自分のニーズに素直になることでしたね。これって簡単なことですよね、だって、自分のニーズなのだから。

でも、ところがです。これが意外と難しいのです。なぜなら、私たちは、自分自身にこう語りかける癖があるから。

「私にできるのかしら……」

「私はできるようになれるのかしら……」

そうなのです。**ついつい、私たちは、自分の「できる」「できない」という可能性についての問いかけから始めてしまう。**そして、その答えは、当然のことながら、「できない……」「できるようになれない……」となる。なぜなら、まだ、何も始めていない段階で、つまり、たとえば語学であれば、何も習得するためのトレーニングを開始していない状態の自分自身が、どんなに「デキる自分」をイメージしても、それには自《おの》ずと限度があるから。そもそも、そのイメージングでさえも、トレーニングして身につけるものなのですから。

そして、私たちは行動を起こさずにそのままでいる。自分が「できるようにはならない」と想定して物事に取り組む人はいませんね。つまり、「失敗する」、正確には「失敗すると思い込んだ」物事にわざわざ手を染める人はいないでしょう。

だから、「できるのかしら……」という発問が自分に浮かんでしまったときには、こう切り返すのです。**「たしかに、できるか、できないかは、やってみなくてはわからない」「でも、したいのか、したくないのか、どっちなんだろうか？」**と。

そして、**「したい！」**という答えが自分から湧《わ》いてきたのなら、それは、「する！」

ということ。そして、**「する」を重ねていけば、やがては必ず「できた」という結果がついてくる**。少なくとも、最低でも、何もしていなかった初めのレベル以上に。

「したい！」
「する！」
「できた！」

この言葉の順番を間違えないように。

したいと思ったことは、ただちに言葉を変える。「英語の勉強をしたい」ではなく、「英語の勉強をする」に。そして、前より進歩したら、たとえ少しでも、たとえ小さなことでも、**「できた！　できた！」**と加点法で評価をしてあげるのです。

これは、自分に限らず、他者に対しても有効な言葉かけ。子どもや友人が、何かをしたいと言っている。そんな彼らの言葉に対して、私たちは、「あなたにできっこないわよ」と対応するか、「大丈夫、君ならできるよ」などと、どちらにしても無責任な言葉を返すもの。そのときこそ、「そうか、それをしたいんだね⁉」と言って相手が心の内を振り返られるように承認の言葉を投げかける。そして、できたことに対して、「ああ、できたね！」と称賛の言葉を贈るのです。

小さな「する」を重ねていく

さあ、ニーズの素直な承認ができたら、次はリクエストでしたね。リクエストとは、即《すなわ》ち、自分のニーズの表明。つまり、**宣言**。そう、これは**「する」**という言葉がそれにあたると見做《みな》していいのです。そして、あとは、小さな「する」を実際、一つひとつ、一歩一歩重ねていくのです。

そう、「言葉を行なう人」になるのです。〈新約聖書ヤコブの手紙〉

意識の回路を太くする言葉
「有難《ありがと》うございます」

では、自分ひとりではどうにもならないニーズ、恋人、パートナー、子宝、などに恵まれるには、どんな言葉、どんな言葉遣いが機能するのか。それも踏まえておきましょうか。

それは、もう、自分の意識の回路を太くしていく言葉に限ります。「意識の回路」とは、どんなものでしょう。たとえて言うなら、集合無意識層にアクセスできるようなトンネルでしょうか。

私はこう考えています。**想いを丁寧に優しく重ねていけば、出逢うべき人に出逢うべきときに出逢うべき場で出逢うもの。**そう、意識のトンネルが貫通してこそ、現実世界の出逢いとなってやってくるのです。

そして、肝心の、意識の回路を太くする言葉、意識のトンネルを貫通させる言葉、想いを丁寧に優しく重ねていく言葉とは、それはもう、言うまでもなく感謝の言葉、

「有難うございます」

ああ、「有難う」をいっぱい振りまきましょうよ。

でも、その前に少しだけご注意を。

いくら出逢いが意識の領域だからといって、ひとりでブツブツと唱えるのはいかがなものか。ぜひ、**目の前の人への言葉かけ**として行動を。

家族友人知人はもちろんのこと、あなたに美味《おい》しいコーヒーを運んできてくれたウエイトレスさん、重い荷物を届けてくれた宅配の配達人さん、コンビニで夜遅くまで働いている店員さん。なんであれ、あなたに何かをもたらしてくれた目の前の人には、感謝の言葉を丁寧に。そうすれば、出逢いがもたらされる回路はどんどんと太く

なるはず。

そうなのです、じつはこれ、私自身の体験であり経験であり、もたらされた結果。

目の前の人に「有難う」と言う。これを「信じて、期待せず」の精神で日々繰り返す。

信じること、その「信」とは、「人」に「有難う」を「言う」こと。私はそう勝手に解釈しています。

けれど、その結果を「期待」するのはご法度《はっと》なんですね。なぜなら、期待とは執着、そして、執着というものは、まるで下水管にこびりついたムラムラとした垢《あか》のごとく意識の回路を詰まらせるもの。

信頼をして、けれど、結果を計《はか》らうことは手放す。

この極意を肝《きも》に銘じて、笑顔溢《あふ》れる「有難う」の言葉を口にしていきましょうか！

「したい！」「する！」「できた！」
そして「有難うございます」。

03 言葉で自分をないがしろにする

決めつけ言葉「絶対に」「決まってる」

私がクラターコンサルタントとしてこの仕事を始めた頃のこと。ある講演会の質疑応答コーナーで「本を捨てられない」と相談を受けました。その方は「気になる本を見つけると、つい買ってしまい、本がいっぱいになって、にっちもさっちもいかない」のだそう。

必要な本であれば買って読めばいいし、それが何度も読み返したい本であれば手元に置けばいい。特に必要のない本は買わなければいいし、読み終わって必要がなくなれば捨てればいい。

そう、こうして物事を整理すれば単純なこと。でもそうはいかないから、相談をするわけで、その方は、当面必要ではない本まで買ってしまい、それだけでなく、一度目を通した本も、そして将来目を通すことがないと思われるような本も捨てられないというのです。

なぜかといえば、「そのとき買わないと二度と手に入らない」し「捨ててしまうと、万一必要になった場合、手に入れられない」から。

そこで私は聞きました。「手に入らないというのは、本当ですか？」。するとその方は確信を持って徹底的に主張するのです。「そうです。そうに決まってます」と。

手に入るか入らないかは未来のことであり、手に入る可能性も、手に入らない可能性も同様にあるはず。

にもかかわらず「そうに決まっている」と言うのは、過去の失敗体験にしがみついている証拠。

きっと、この方は以前、ある本を一度買い逃してしまったがために、必要と思われるときにその本を読むことができなかったという苦い経験を持っているのでしょう。

失敗から学ぶことは大切ですが、失敗を怖れて囲い込んだり、縮み込んだりしてしまっては、そこに留まってしまい、先に進むことはできません。

しかも、「決まっている」「絶対に」といった、何ら疑問の余地なく物事を決めつける表現には、ほとんどの場合、根拠のかけらすらないのです。

根拠のない不安からこのような「決めつけ言葉」を繰り出し、モノを抱え込み、目の前の空間をモノで塞《ふさ》いでしまっては息苦しくなります。

根拠のない心配から「決めつけ言葉」を発し、執着する。思考は停止し、心まで不自由になります。

そう、だからこの「決めつけ」も自分をないがしろにしている言葉のひとつ。未来の自分に制限をかける必要はないはずなのに。

未来のことは誰にもわかりません。未来のことなど誰にも予測できません。決めつける必要はないし、決めつける意味もまったくないのです。

先送り言葉「いつか」

「いつか行こうね」「今度食事をしようね」「そのうち会おうね」

ちょっとした友人や知り合いの間で、よく交わされる言葉です。簡単な約束のようにも感じられますが、「いつか」「今度」「そのうち」という言葉がついた約束というのは、実際、守られることはほとんどありません。

さらに言うなら、私たちの間には、こうした約束は守られなくてもかまわないという暗黙の了解すらあります。「いつか」「今度」「そのうち」がついた約束は社交辞令のようなものであり、守ることを前提としていないということを経験的に知っているからです。

そう、「いつか」「今度」「そのうち」は物事を先送りするときに用いられる言葉。

これらの言葉をつけられ、先送りにされた物事は、いつまでたっても実現することはないのです。

どこかに行くのでも、誰かと食事をするのでも、誰かに会うのでも、そうすることを心から望んでいる場合は、いつ実行するのかを決めるはずです。「いつか」ではなく「一週間後に」というように。「今度」ではなく「何月何日に」というように。「そのうち」ではなく「あさってに」というように。

先送り言葉が相手の口から出てきたら、その後に続く事柄を、相手が実現させるつもりはないのだと思ってもいいでしょう。そして先送り言葉が自分の口から出てきたら、その後に続く事柄は、実現できないものと思ったほうがいいでしょう。

言葉ひとつで、実現する可能性が縮まりもすれば、膨《ふく》らみもする。言葉には、未来を左右する力も潜んでいるのです。

相手の言葉を変えることはできないけれど、自分の言葉であれば変えることができます。

社交辞令ではなく、実現することを目的にしているのであれば、「いつか」「今度」

「そのうち」を具体的な日時に置き換えて言う。相手が投げかけてきた「いつか」「今度」「そのうち」を実現させたいのであれば、「いつにしましょうか?」と具体的な日時を引き出すよう言葉を投げ返す。

言葉が意志を表わし、意志ある言葉が、その意志を実現させる原動力となるのです。

そしてもうひとつ。

相手との約束以上に怖いのが、じつは自分との約束を先送りすること。

無自覚に、何をするにも「いつか」「今度」「そのうち」を繰り返していたら、それこそ人生は停滞するばかり。先送りの口癖こそ、自分をないがしろに、ぞんざいに扱っている証《あかし》と言っても言い過ぎではないのです。

謝罪の言い訳、誇らしげな自慢話

たとえば、約束の時間に遅れたときや人からの誘いを断るときなどに、私たちは言い訳をします。

「電車がなかなか来なくて」「仕事が忙しくて」といった言い訳は序の口。ひどい場合は、「親戚《しんせき》に不幸がありまして」などと人を殺してしまうことすらある。

そこまでして、私たちはなぜ言い訳をするのでしょう?

遅刻をしたのなら「遅れてごめんなさい」と謝るしかありません。

それなのに、くどくどと言い訳をしてしまうのは、私たちの心のなかに「人から悪く思われたくない」という気持ちがあるから。「理由があるのなら遅刻するのも仕方ない」と、相手に思ってほしいという下心があるから。そう、「行けない理由」を探しているときと同じですね。私たちは、人から悪く思われることを怖れ、自分の評価が下がることを怖れるあまり、それらの事態を回避するために言い訳をするのですね。

では、言い訳によって得られるものは何でしょう?

「悪く思われたくない」という目的は、じつのところ、言い訳によって果たすことができるのでしょうか？

政治家が不祥事を起こしたとき、言い訳をしている姿がニュースで流されますが、その様子を見て「そうか、そういう理由があるのなら仕方ない。彼は悪くない」と思う人はどのくらいいるでしょう？　言い訳を受け取る側に立ってみれば、言い訳の内容が正しいか正しくないか、納得できるか納得できないか、といったことは関係ないですよね。言い訳をする、その態度に対して、人は嫌悪感を持つ。そして、いえ、むしろ皮肉なことに、言い訳はすればするほど、「悪く思われたくない」「自分の評価を下げたくない」という言い訳の目的は損《そこ》なわれてしまうのです。

一方、言い訳と対《つい》をなすのが自慢話。

自慢話の目的は何でしょう？

自慢話をすることで、私たちは何を得ようとしているのでしょう？

言い訳と自慢話。口にするときの態度は、真逆のようにも感じられますが、言い訳と自慢話の目的は同じもの。

「自分の評価を下げたくない」のが言い訳ならば、「自分の評価を上げたい」のが自慢話。どちらも「他人が自分をどう評価するか」に主眼が置かれています。

けれど、言い訳をする人と同様に、私たちは誇らしげに自慢話をする人に対しても、いい印象を持つことができませんよね。自慢話もまた言い訳と同じように、すればするほどに、その目的を損ねてしまうのです。

つまり、言い訳に走るのも、自慢話に走るのも、俯瞰《ふかん》的に見ればその背景は同じ。自己肯定感が欠如しているのです。「自己評価を下げない」ように言い訳に苦慮し、「自己評価を上げる」ために自慢話に花を咲かせるのです。

ちなみに、自己肯定感を持っている人が自慢話をしても不快に感じません。自慢話が面白話になってしまうから不思議なものです。自己肯定感がある人は、他者の評価を気にしていないので、聞く側も事実の報告としてシンプルに受け取ることができるのです。

受容と放置の大きな違い「ありのままに」

ある言葉を掴《つか》むことによって、私たちはそれを拠《よ》り所として安堵《あんど》することがあります。

また、ある言葉にすべてを帰結させてしまい、それ以上思考することを放棄してしまうことがあります。

「ありのままに」とは、まさにそんな言葉の代表格。

そう、二〇一四年に大ヒットしたアニメ映画「アナと雪の女王」の主題歌のタイトルです。

この主題歌が巷《ちまた》に響き渡ったことで、多くの人々の耳に飛び込み、頭に刷り込まれたであろう、この「ありのままに」という言葉。

心地よい言葉として受け取った人も多いようですが、私は正直なところ、この言葉に違和感を覚えました。

たとえば、これをアドバイス的な励《はげ》ましと受け止め、「私はありのままでいいんだ」とホッとしたとしましょう。心が穏やかになることはいいことですが、実際のところ、「ありのまま」が指すものがどんな状態であるのかは判然としません。

なぜなら、人というのはたくさんの要素が絡《から》み合った存在であり、多面的だから。そのとき置かれた状況によっても、対する相手によっても、心の有り様が変わり、態度も変わってしまうのだから。

何をもって「ありのまま」と言い、何をもって「ありのまま」と受け止めるのか。そこに対する思考がないまま、単なる心地のいい言葉として使っているのだとしたら、これほど空虚なことはありません。

さらに、「ありのままに」という言葉は、こんな危《あや》うさも孕《はら》んでいるように思うのです。

たとえば、自己肯定感の低い人が「ありのまま」というメッセージを受け取る場合。今の自分が好きではない、今の状態を苦しいと思っているのに「ありのままでいい」と言われたら、途方に暮れてしまうはずです。

たとえば、承認欲求が過剰に働いている人が「ありのまま」というメッセージを受け取る場合。他人から認められたいという感情が強いにもかかわらず、「そのままで」いることを選び、何の努力もしないでいたら、他人から理解されない、認められないという不満がますます膨らむことでしょう。

雑草が蔓延《はびこ》る庭を「ありのままでいい」と言う人はいません。伸び放題の無精髭《ぶしょうひげ》を「ありのままでいい」と言う人もいません。

「ありのまま」を「そのまま」と理解し、何も手入れをすることなく「そのまま」放置したら、雑草はそこかしこに蔓延ってしまうでしょう。雑草が生《お》い茂るジャングルのような庭には、誰も近づきたくありませんよね。

「そのまま」とは放置。

人は命ある限り、自分の手入れをし、自分を磨き、成長していくもの。ないがしろにしていいはずがない。

だからこそ、受容と放置の違いは、つねに踏まえておきたいと思うのです。

「いつか」「今度」「そのうち」では、何も変わらない。何も始まらない。

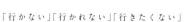

第3章

「忙しい」「大変」「疲れた」

ポジティブへの
言い換えでは解決しない

01

自分を「わかってほしい」とアピールする言葉

「忙しい」「大変」「疲れた」を口にするとき

断捨離すべきことが、山のように目の前にあるとき。
断捨離しなければならないことが、山のように多く控えているとき。

私たちの口から思わずこぼれるのが、この三つの言葉。

「忙しい」
「大変」
「疲れた」

もしも、そんなに忙しいならば、少しばかりやることを減らしたらいい。もしも、そんなに大変ならば、手に負えないことは手放したらいい。もしも、そんなに疲れているならば、すぐに休んだらいい。そう、解決策はとっても簡単。

けれど、私の提案したこれらの「解決策」に、ああ、そうですね、とあっさりと同意してすんなりと行動に移す人はほとんどいないでしょう。

やることを減らせないから忙しいのだし、手に負えないことばかりを抱えているから大変なのだし、休めないから疲れているのだと、そんな反論の言葉が逆にいっぱい飛んできそうです。

では、いったい、この三重苦のような状況、どうやって解決していきましょうか。

でも、こんなとき、私はいつもこう感じるのです。

そもそも、こう口にしているとき、**私たちは、その解決志向にあるのか**、どうにも疑わしくなる。なぜならば、返ってくる反論、それは、自分の心の声からの反論も含めてのことだけれど、「でも」「だって」といった、減らすこと、手放すこと、休むことへの抵抗を、それこそ、いくつもいくつも数え上げるのですから。

そして、その抵抗言葉は、ほとんどが「正誤」「能力」「善悪」の判断に基づいたもの。たとえば、「でもこの程度で忙しいだなんて言っているべきではない」「でもこの程度で大変だなんて力不足だからだ」「だってこの程度で休むなんてよくないことだ」というふうに。

自分で、「忙しい」「大変」「疲れた」と口にしながら、実際、そう感じながら、私たちは、もう一方でそれをなだめる正当性をいつも探してはしがみつこうとする、まったく厄介《やっかい》な思考の癖があるのです。

ならば、こんなふうに言葉を変えてみましょうか。「私は、忙しくない、大変でもない、疲れてなんかいない、まだまだ、やれる」。でも、おわかりですよね、これはとても馬鹿げた言い換え。これは、ポジティブ思考に嵌《は》まったその初心者がしばしば陥《おちい》る罠《わな》。どんなに言葉を変えたところで、忙しくて大変で疲れているという思いまでは癒《いや》せはしない。しょせん、表層意識で説得しているにすぎず、そんな言い聞かせをしたところでしんから納得することはないし、たとえ、もしもそれで納得したとしても一時のこと。すぐに貼り付けた絆創膏《ばんそうこう》が剝《は》がれるだけ、傷口はいっこうに治ってはいないのです。

それでも、私たちは言い続けるのです。忙しい、大変、疲れたと繰り返すのです。なぜなら、それは口癖となっているから。**口癖とは潜在意識の領域から発せられる言葉**なので、言っている本人に自覚があるはずもなく。

なので、しっかりとこの三つの言葉を検証する必要がある。**これらの言葉を、自分はいったいどんなときに誰に向けて発しているのかを。**

それはアピールかSOSか

「忙しい」「大変」「疲れた」という言葉が、口をついて出てきたとき、あなたはたったひとりでしょうか。それともあなた以外に誰かいるでしょうか。

もしも、それらの言葉を人前で頻繁《ひんぱん》に発しているのだとしたら、「私は、これだけ頑張っているのよ」「私って、凄《すご》いでしょう」「私、我慢しているのよ」「私のこと、わかってよ」といったアピールといってもいいでしょう。

つまり、褒《ほ》めてほしい、評価してほしい、認めてほしい、という自己重要感のキャンペーンをしているか、あるいは、満たされない承認欲求をなんとかして埋めようと懸命にもがいているのかもしれないということ。あるいは、誰かがなんとかしてくれることを秘《ひそ》かに期待しているのかもしれません。

であるならば、そのキャンペーンももがきも秘かな期待も、効果的に機能しているか検証する必要がありますね。

もしも、口癖となって無意識に言い続けているとしたら、あなたの周囲の人たちは、それこそ聞き飽《あ》きているはず。慣れっこになってしまい、まともに取り合う人はいないでしょう。逆に、「忙しい」「大変」「疲れた」と声に出して言っていられる間はまだまだ大丈夫と、判断されてしまう可能性だって大いにあるのです。

もちろん、自分が忙しいことや疲れていることで、何か不都合が生じてしまう可能性があるならば、周囲へのアピールは必要です。自分ひとりで抱え込んでしまうことは、それも愚《おろ》かな対策です。それでも、このときに注意したいのは、アピールの仕方です。

忙しい理由、大変な訳、疲労の程度の把握《はあく》、そして、状況をどのように変えていくのか、自分は、今、何を必要とし、どんな助けを望んでいるのか、まずは、それらを明らかにすることですね。そうすれば、周囲に向けて発信する言葉も自《おの》ずと変わってくるでしょう。

一方、周囲に誰もいない状態で、大きなため息とともに独り言のように、「忙しい」「大変」「疲れた」と言っているならば、それは自分のカラダからのメッセージとしてしっかり受け止める必要がある。聞かないふりをして無視をしてはいけないですね。無視をし続けると、カラダはもっと大きなメッセージを繰り出してくるもの、そう、命を守るために。つまり、カラダの不調、さらに、もっと辛い症状を伴う病気を引き起こすリスクがあるかもしれないのだから。

”どんなときに「疲れた」とつぶやいているだろう。“

02 自分に言い訳をつくる言葉

「私、ダメな人なんです」

ところで、よく、自分のことを、「私、こういう人なんです」「私、こういう人だから」と、まるで自分を三人称のように扱ったもの言いをする人がいます。それは、本当に自分自身をこういう人だと思い込んでいるのか、あるいは、他者にそう思ってもらいたくて言っているのか、なかなか区別がつかないもの。もしかして、そう言っている当の本人もそれを意識することなく使っているのかもしれません。

「私、ダメな人なんです」
「私、前向きな人なんです」
「私、贅沢《ぜいたく》な人だから」

自分を形容する言葉が、ポジティブであっても、ネガティブであっても、それを云々《うんぬん》するよりも、なぜ、わざわざ「人」を付けて自分のことを云々するのか、そのところに着目してみたほうが面白いように私は思うのです。「私、ダメなんです」と「私、ダメな人なんです」は、いったいどう違うのかを。

たしかに、「人なんです」を付けたほうがクッションがある。事実、「なんです」というフレーズに「人」という言葉が「ダメな」との間に挟《はさ》まったのだから。では、クッション、つまり緩衝材《かんしょうざい》を挟む理由はどこからきているのか。

たとえて言うならば、たしかに自分のことは「ダメだ」とは思っている。けれど、そのダメさを丸ごと受け入れているわけでもない。そんなに自分が全部ダメなわけでもない。「そうだよね、私――」という、無意識のエクスキューズ。まるで、泥棒という罪を犯しはしたけれど、それは、やむにやまれぬ事情があったため。どうか、それを斟酌《しんしゃく》してくださいと、往生際《おうじょうぎわ》悪くボソボソとつぶやいている窃盗犯《せっとうはん》のよう。

「私、前向きな人なんです」というポジティブな形容も、じつのところ、自分の前向きさにそれほど自信があるわけでもなく、どこか他者に確認と同意を求めているような姿が見える。「そう、あなたは、前向きな人だよね」と。それは、「私、贅沢な人だから」という場合も同じ。自分が贅沢であることを、少しばかり後ろめたく思っているふしがあるようですね。

それが、「人」という言葉を挟んで自分を三人称で表現する理由。自己表現、自己評価の言葉であるにもかかわらず第三者を言葉のなかに介在させることは、とりもなおさず、**自分の評価を他者に預けているようなものであり、また、他者の目をいかに気にしているかの証拠**。

私たちは、無意識のネガティブワードで自分を縛《しば》り付けて貶《おとし》めていくことを繰り返す。そう、たとえば前述の「私はダメだ」といった類《たぐい》の言葉をもって。また、ポジティブワードでもって自分を鼓舞《こぶ》しようともする。けれど、同時にまた、無意識な言葉遣いで、そんなどちらの自分の有り様にもエクスキューズを繰り返すもの。まさに、**ひとり芝居**といっていい。

自分がダメな人間であろうと、自分が前向きな人間であろうと、自分が贅沢な人間であろうと、そんなことは**他者にとってどうでもいいこと**。無関係なこと。

問題なのは、つねに自分がどのようにありたいかわかっていることですね。

「ストレス」というフレキシブルな言葉

「ストレス」とは便利な言葉です。なんでも「ストレス」と言ってしまえばそれで片がつくような、気になる活用価値の高い言葉。

「私、ストレスでつい食べてしまうのです」――いいえ、食べたいから食べているのでは？
「私、ストレスでつい買物に走ってしまうのです」――いいえ、買物が好きだから買物をしているのでしょう？
「私、ストレスでつい子どもを怒鳴《どな》ってしまうのです」――いいえ、その子を思いどおりにしようとしているだけなのでは？

どうでしょう、「ストレス」とは、どんな場合にも持ち出すことができ、自分の態度行動をそのせいにすることができてしまう、まことに有難《ありがた》い言葉。しかも、エクスキューズの言葉でもありますね。そうか、ストレスならば仕方がない、と。そう、「しょうがない」とセットとして使えます。

たしかに、ストレスフルな毎日を過ごしている私たち。モノも過剰、情報も過剰、人間関係も過剰。何もかも過剰でいっぱいのノイズが溢《あふ》れる世界では、ストレスを溜《た》め込むのも無理からぬこと。

さて、このストレス、もともとは物理学の言葉であるけれど、今では、生理学的に用いられる日常ですっかりお馴染《なじ》みの言葉。これは「ストレス」に限ったことでないのだけれど、私たちは、何かしらの言葉を掴《つか》んだ時点ですっかりと得心《とくしん》してしまい、ああ、そうだったのかと安心もする。そしてそれからは**その言葉のなかで生きる**ようになってしまうのです。

たとえば、原因不明の体調不良でずっと苦しんでいる。医者巡り病院巡りをしてもどこにも原因は見つからないし、わからない。そして、ようやっと最後に訪れた病院で診察の結果、病気の診断名が下されたとします。そう、「原因不明」という「名無しさん」状態から、立派な「自律神経失調症」という名前の付いたステージに格上げされたのです。いわば、拠《よ》り所がどこにもない根なし草から、どこかの群れに所属してひと安心。そんな感覚。

そうですね、名前がある、所属する場がある、この二つは私たちをとても安心させてくれる。でも、そこで、安心した結果、今度は、その群れのなかでその名前にしがみついて思考停止が起きるのです。

たとえ、病名が付いたとしても、別に、病気が治ったわけではありません。これからは、その病気を癒し治していくために、医師の処方とともに、生活習慣、思考習慣などを自分でも改善していく必要があるのです。けれど、その意識改革はなかなか難しい。私たちは、今度はその診断名を拠り所にし、薬ばかりを頼みにして、私は自律神経失調症だからと、その路線から外れないようにと、その群れからはぐれないようにと懸命になるかのように。

「はい、食べたらとても美味《おい》しいです」

おわかりですよね、ここまで言えば。そう、私たちはストレスの蔓延《まんえん》した社会、大きな大きな群れの構成員のひとり。ここでは「ストレス」という言葉が大手を振って歩き回り、「そらそら、ストレス様のお通りだ」と言わんばかりで、誰もがこれにひれ伏す群れでもあるのです。だから、誰も、ストレスの原因も要因も、もちろん、その解決策も考えようとはしない。ひと言、「私、ストレスで」と言えば、まかり通ってしまうから、何も別段、改善のための面倒なことなどしなくていいのです。

自分の言い訳に、自分の正当化に、もしも、「ストレス」という言葉を多用しているのであれば、それは、とても虚《むな》しい。そう、ストレスの淀《よど》みのなかをずっと漂《ただよ》うだけだから。だとしたら、こんなふうに居直るのも面白いとは思いませんか。

「私、ストレスでつい食べてしまうのです」――はい、食べたらとても美味しいです。

「私、ストレスでつい買物に走ってしまうのです」――はい、買物ってとても愉《たの》しいです。

「私、ストレスでつい子どもを怒鳴ってしまうのです」――はい、子どもがとても可愛く思えるのです。

少なくとも、これには、嘘も誤魔化《ごまか》しもないですものね。どうでしょう。

ひとり芝居のようなエクスキューズはやめて、
いっそ、居直ってみましょうか？

03 自分の味方の言葉、敵の言葉

言葉に、ポジティブ、ネガティブはないのかもしれない

私たちは、「ストレス」という言葉を、どうもうまいぐあいに、いえ都合よく味方につけてきたのかもしれない。でもこの言葉、やがては寝返って、私たちを陥《おとしい》れる気配を漂わせているようでもあります。もともと、この言葉を、ダシにしていたのだとしたら、そのうち相手〈つまりストレスという言葉〉も嫌気がしてくるのも無理か

らぬこと。誰しも、まっとうに扱われているという感情があれば穏《おだ》やかにしていられるはず。それは、言葉も同じだと思うのですが。

ところで、この「ストレス」という言葉。もしも、ポジティブとネガティブという二つの種類に分けるとしたら、いったいどちらにカテゴライズできるのでしょう。

強いストレスを受けて体調不良になったとしたら、ストレスとは良くないもの、だから、ストレスはネガティブワードと理解する——。いえ、若干のストレスは、かえって身体の機能の促進に役立つという場合もあるようです。だとすると、ストレスをポジティブワードとしてもいいのでは？　そうですね、でも、どちらにしても、なんとなく腑《ふ》に落ちないよう。

では、感情を表わす「喜怒哀楽」という言葉。「喜び」「楽しみ」はポジティブワードで、「怒り」「哀しみ」はネガティブワード？　いえ、そんなふうに分けるのも少なからず抵抗が湧《わ》いてくるというもの。なぜなら、私たちは、それら喜怒哀楽を日々味わいながら生きているのだから。

では、これなら問題はなく分けることはできるでしょうか。「好き」は良いことだからポジティブワードで、「嫌い」は悪いことだからネガティブワード。どうでしょう、しっくりきますか。

ここで、そもそも、ポジティブとは、ネガティブとは、この二つを私たちはどんなふうに理解しているのか踏まえておいたほうがいいようです。おそらく、こんなふうに対比させていることがほとんど。

ポジティブは善、ネガティブは悪。
ポジティブは正、ネガティブは誤。
ポジティブは味方、ネガティブは敵。

でも、考えてみてください。ポジティブとネガティブは表裏一体の現象。言うなれば、山と谷のようなもの。山があるから谷があり、谷があるから山がある。高い山の頂《いただ》きから見下ろせば谷はその深さをますように、深い谷の底から見上げれば山はその高さをますように、じつは捉え方でしかなく、善悪でも正誤でも敵味方でもなく、その時々でその場その場で果たす役割があるというだけ。

それは、感情も同じ。「喜び」と「楽しみ」が果たす役割と「怒り」と「哀しみ」とが果たす役割がある。「好き」も「嫌い」もどちらも自然な感情。

だから、ポジティブワードが時によっては、自分や他者を傷つけることもあるだろうし、ネガティブワードが場合によっては、自分や他者を大いに慰めることもある。

「頑張れ」の罪

その例の代表格が「頑張れ」という声援の言葉だと。

マラソンの選手が、沿道の「頑張れ!」の声援に後を押されるようにしてゴールまで駆け抜けることもあるけれど、棄権《きけん》せざるをえない状況下の選手に「頑張れ」はどうにも酷《こく》な言葉でしかなくなる。

「頑張れ」は元気溢れる状態にはとっても効果的な味方の言葉。けれど、すでに力尽きている場合には追い打ちをかける敵のような言葉となるのです。

うれしく感じるとき、ねたみに感じるとき

言葉は、使う状況や状態によって敵にも味方にもなる。

考えてみれば、言葉本来の意味以外の何かを乗せて、私たちは言葉を発しているのですね。

私たちは言葉を使って、お互いの意思や感情、思考を伝達しあいます。言葉には、それぞれ意味があり、私たちはその言葉が持つ意味を互いに理解しているという前提のもとに、コミュニケーションをとっています。

同じ言葉であっても、その言葉を口にする人によって、あるいはその言葉が発せられた状況によって、意味合いやニュアンスが違って感じられることがあります。

たとえば、私の友人が家を新築したときのこと。ママ友から「家を建てたんですっ

てね、いいわねー」と言われ、うれしく感じるときと、心苦しくなるときがあったそうです。

そして、うれしく感じるときは「そうなの、今度遊びに来てね」と明るく返事ができたのに、心苦しくなるときは「いえいえ、新築といっても狭い家ですから……」と卑下《ひげ》するような返事をしていたというのです。

同じ意味合いの言葉なのに、発する人の違いによって、その言葉を受け取ったときの気持ちが違うのはなぜなのか？　返す言葉まで違ってしまうのはなぜなのか？

それは、言葉とともに、その言葉を発する人の気持ちもまた伝わってくるからです。

「家を建てたんですってね」という言葉のなかに「おめでとう！」という気持ちを読み取ることができたら、素直に「有難う」と答えることができます。

けれど、そこにねたみのニュアンスを察知してしまうと、「いいわねー」と言われているのに、居心地が悪くなってしまうのです。

私の友人は、それぞれのママ友が発した言葉を受け取ると同時に、その言葉に込められた気持ちも受け取り、込められた気持ちの違いに反応していたのです。

私たちは言葉を受け取るとき、その言葉が持つ本来の意味とともに、発する人の気持ちもまた受け取ります。

逆に言えば、私たちは言葉を発するとき、その言葉が持つ本来の意味とともに、自分の気持ちもにじませているのです。

なぜ彼女は、このひと言で捨てだしたのか？

会話は「言葉のキャッチボール」と言われます。こちらがやわらかいボールを投げれば、相手はやわらかいボールを投げ返してきますし、強いボールを投げれば、強いボールが返ってくるものです。

以前、断捨離をテーマにしたテレビ番組の取材で、ある七十代のご夫婦のお宅に伺《うかが》ったことがあります。番組で取り上げられるだけあり、その家は、収納がまるで機能せず、モノで溢れかえっていました。

半分以上は奥さんのモノで、こまごまとした雑貨類や料理器具、密閉容器の類《たぐい》が雑然と堆積《たいせき》しています。片や、旦那さんのモノも決して少なくありません。趣味の釣りにまつわる道具類は、使いこなせる量をはるかに超えており、部屋の片隅に乱雑に置かれています。モノの量が過剰であることは一目瞭然でした。

テレビ取材に応募したのは奥さんで、私は請《こ》われてその家を訪問したわけです。ところが、私がその家に踏み込むや否《いな》や、「忙しいから」「疲れているから」「あれもこれも必要だから」……と、奥さんの饒舌《じょうぜつ》すぎるほどの話が始まったのです。

奥さんは、断捨離のやましたに「モノが多すぎる」「要らないモノは捨てなさい！」と責めたてられると思い、先回りして言い訳抗戦に打って出たのでしょう。

一方、旦那さんはだんまりを決め込んでいます。おそらく「テレビ番組が自分たちを責めにきた」と思い、頑《かたく》なになっているのでしょう。腕組みをして座っている姿はまるで「俺は捨てないぞ。何でも捨てりゃいいってもんじゃないんだ」と言わんばかりでした。

私は、奥さんの話に相槌《あいづち》を打ちながら、ひたすら話を聞いていました。そして、ひとしきり続いた奥さんの話が一段落したときに、**「取っておきたければ捨てなくてもいいんですよ」**とひと言、親しみを込めて言いました。

すると、奥さんがおもむろに立ち上がり「こんなに要らないですよね」と言ってモノを捨てだしたのです。

「捨てなくてもいいんですよ」に込めた私の想い

「捨てなくてもいいんですよ」という言葉が、奥さんの意識を切り替えるスイッチになったわけですが、私はその言葉を発するときに、文字どおりの意味と一緒に**「私はあなたを責めにきたわけではありませんよ」「私はあなたの味方ですよ」**という思いを投げたのです。

そのメッセージをキャッチしたからこそ、奥さんは私に対する警戒心を解き、自ら切望しながらもできずにいた「捨てる」という行動を起こしたのです。

そう、私たちは言葉の内容よりもむしろ「言い方」に反応します。

相手の言葉にカチンときたとき、「そんな言い方はないだろう」と捨てゼリフを吐いてしまう。このとき、言葉の中身に焦点は当てられていません。ポイントになるのは、どういう言い方をしているかなのです。

声のトーンや強さ、抑揚《よくよう》のなかに、責めのニュアンスを感じとったら、そこで相手をシャットアウトします。逆に、声の調子や響きから、自分が受容されていると感じられたら、相手に心を開くのです。

奥さんは、責められたくないから、自分を守ろうとした。

旦那さんは、責められていると思ったから、攻撃を遮断するために無視を決め込んだ。

そして、責められているのではないと気づいたから、防衛のための鎧《よろい》を脱いで、本来の目的に立ち戻り、自らが欲していた「捨てる」行為を始めたのです。

日本には**「売り言葉に買い言葉」**という慣用句があります。これは言葉を介した否定のエネルギーのやりとりを表わしています。

一方、韓国には**「行く言葉が優しければ、返る言葉も優しい」**という諺《ことわざ》がありまます。これは言葉を介した受容・肯定のエネルギーのやりとりを表わしているのでしょう。

私たちは、人に向かって言葉を発するとき、どんなメッセージをそこに込めているかあまり意識していません。

「私はあなたを受け入れ、あなたを理解しようと思っています」という気持ちで向き合っているのか。

それとも、「私はあなたのことが理解できない」という気持ちで向き合っているのか。

自分が口にする言葉を意識するのと同じように、その言葉を繰り出すときの自分の気持ち、つまり相手に発する無言のメッセージについても意識したいですね。

行く言葉が優しければ、返る言葉も優しい。

第4章

「お金がない」「時間がない」

どうせなら「ある」関係を築きたい

01 口癖に現われる「ない」への願い

「お金がない」という口癖が招き入れること

「お金がない」という言葉は、よく耳にする言葉でもあり、また、誰しもつい口にしてしまう言葉です。たしかに、私たちのほとんどは、お金をたっぷりと持っていて余って困るとは思っていないでしょう。お金とは、基本的に「ない」という関係がつねに横たわっていると見做《みな》してもいいのかもしれません。

けれど、この「お金がない」という言葉、もう少しつき詰めて考えておく必要がありそうです。

たとえば、どうしても手に入れたいモノがある。でも、残念ながら、それは高価なシロモノ。貯金をはたいてもその設定された価格までは届かない。そんなときに、私たちは、「お金がない」と思い、そしてそう言葉にする。また、そんなに高価なものではなくても、そのとき、財布のなかに持ち合わせが少なくて買うことできなかったとする。そんな場合でも私たちは、「お金がない」と思い、そしてそう口にする。

さて、このような状態を、主語と述語をもって正確に表現すればこうなるはず。「私は、このモノを買うだけのお金は持っていない」となる。つまり、そのモノを買うには足《た》りないけれど、預金通帳には「お金はある」のだし、また、そのときその場のお財布のなかに持ち合わせが足りなかっただけのこと。

けれど、私たちは、「お金がない」と言い続ける、どんなときでもどんな場合でも。そうして、「お金がない」は口癖となり、その口癖をもってお金とは「ない」ものだという基本的原則の観念を自分に刷り込んでいくのです。

一方、この言葉はどうだろう。

「持ち合わせがない」

正しくは、「私は、今はこのモノを買うだけのお金の持ち合わせがない」。この言葉は、「私はお金がない」と言うよりもずっとシックな響きの素敵な言い回しに思える。その理由はこう。今、私はこのときこの場でたまたまお金を支払う分ほどは持ってはいないけれど、どこかには必ず「ある」し、仮に今はないにしても、いつかの将来には「ある」という可能性を含んだニュアンスがありますね。

そう、「お金がない」は、どこにもないというイメージだし、今現在も未来もずっとないイメージがどうしてもぬぐえないもの。

どうせなら、お金との「ある」という関係を築きたいもの。けれど、無理やりポジティブ思考を採用して、コップに半分満たされた水の例の如《ごと》く「ある」ことに焦点を合わせようとするのも無理な話。売値価格というラインまでコップの水が満たされない限り、そのモノは手に入らないのだから。だとしたら、この「持ち合わせがない」という言葉は、「ない」分と「ある」分を誤魔化《ごまか》すことなく表現していると思うのです。

ところで、この「お金がない」という言葉に、私はずいぶんと傷つきながら育った思いがあります。それは、私の母の口癖だったから。たしかに、お金が潤沢《じゅんたく》にある家庭ではなかったことはたしかだ。けれど、決して貧しい家庭ではなかった。その証拠に、ごく普通に大学まで進学させてもらえたのだから。

さて、それは今にして振り返ってみてわかることなのだけれど、その当時の子どもの私には、母の「お金がない」という言葉はきっとこんなふうに染み込んでいったに違いない。

「お金がない」、即《すなわ》ち「お金がないので子どものために使うお金が不足している」、即ち「子どもがいなければこんなにお金が不足することはない」。つまり、私という存在があるから母はお金に困っている。私は母にとって迷惑で余計な存在なのだ。そんな小さな擦り傷のような自己否定を刻んでいったのでしょう。もちろん、そんなつもりは母にはない。けれど、繰り返される母のその口癖に、たとえ小さな擦り傷であっても毎日毎日痛みを感じていたのですね。

そして、長じて、私が大人になって、つまり、家計に負担をかけることがなくなってからも、母の「お金がない」という言葉は消えることはなかった。しかも、母は、自分の長財布から取り出した何枚ものお札を数えながら「お金がない」とため息をつく。この光景を私は訝《いぶか》しく見るしかなかった。わざわざ数えて確認しなければならないほどのお札を前にしても、母は「お金がない」と言う。いったい、この人は、どれだけのお金を持てば「お金がある」と言うのだろうかと。

「金欠病」という言葉がありますね。この病気は、実際、お金がないというより、「ない、ない」と口走るのがその症状。そう、だから私の母は、慢性の、しかも重度の金欠病患者さんだったのですね。

でも、今、私はこの病気のメカニズムがようやく理解できた。「お金がない」と言う真意を正確に表現すると、「私には自分が自由に使えるお金がない」という意味。だとしたら母のため息にも頷《うなず》ける。どんなに自分のお財布にお札が詰まっていようが、それは家計費であって自分が好きに使える小遣いではない。そして、たとえ小遣いであったとして、しょせん、どこまでもそれは小遣いであって自分が立派に稼いだお金という誇りはそこには伴わない。ましてや、「誰のお蔭でご飯が食べられると思っているのか」的な意識、家事労働への社会的にも経済的にも評価の低い時代を生きてきた母にとっては、お金はどこまでいっても他者のものでしかないのです。だから、あるのに「ない」と言う。

さて、その母も、今は、誰に遠慮することなく、誰からも干渉されることのない、ひとりの老境にある者として自由に使えるお金をそれなりに持っている。けれど、やはり、彼女は「お金がない」と繰り返す。その理由はこれに尽きる。要介護認定者となり、ほぼ一日をベッドの上で過ごすことを余儀なくされている母は、どんなに好きに使えるお金があっても自由に使いにいける健康な身体がないのです。お金を持っていても、使いにいけないのであれば、それは、「お金がない」のと同じこと。

そう、母の「お金がない」というため息は、じつのところ、**「自由がない」という心の叫び**であるのです。

それでも、私はこんなふうに思うことがある。もしも、彼女が「お金がない」という自分の虚《むな》しい口癖に気がついていたとしたら。気がついて、その口癖を断捨離したとしたら。彼女の今の状態はどんなふうになっていただろうかと。

そうだ、「お金がない」という言葉は愚痴にすぎず、そこに解決志向はない。しかも、口癖となったその言葉に潜在意識はどこまでも素直に反応し実現に向けて懸命に働いてくれるもの。結果、「お金がない」という状況を、そう思い込むに充分な情況を、招き入れてくれるのですから。

「時間がない」という口癖が主張していること

「時間がない」という言葉も、「お金がない」という言葉と同様ですね。この言葉、私たちが一日でどれだけ口にしているかわかりません。

それは、朝すでに起きたところから始まっている。寝坊して飛び起きて、仕度の「時間がない」と朝食抜きで家を慌《あわ》ただしく出ていく。お昼の限られたランチタイムに「時間がない」と言いつつ定食をかき込む。夜ともなれば、あれっ、もうこんな時間かと、テレビやネットの前で過ごした時間を悔《く》やむことなく、寝る「時間がない」と、明日の朝の起床時間が頭をよぎるのです。

思えば、おかしな話です。時間は一日二四時間、誰もが持っているもの。これこそが、唯一、私たちが等しく所有しているはずなのに。そう、時間とは「ある」ものなのです。

だから、私たちが「時間がない」と言うのは、こんな意味で使っているのです。

「時間がない」、即ち「忙しい」。

そして、この「忙しい」という言葉にもこんな意味がこもります。やりたいことがいっぱいあって愉《たの》しくて忙しい。やらなければならないことがいっぱいあって大変で忙しい。愉しいのか、大変なのか、いずれにせよ、自分をアピールしていることには変わりがないですね。

もうひとつ、「時間がない」は、とても重宝する機能を持っているよう。特に、何かを断るときにはとても便利です。ちょっとしたお誘いを辞退するときも、先に退席したいときも、「時間がないので」と言えばこと足りますから。

また、面倒なこととかかわりたくないときも、私たちはこの言葉を使う。「今、時間がないから、その話は後でまた」。結果、その「後でまた」は、決してやってくることはない。後回しにしているうちに忘れてしまうのが常だから。でも、そうやって、小さな澱《おり》、つまりきちんと対応しなかった後ろめたさを自分の心のなかに溜《た》め込み、相手の心のなかには、不信感を募らせてしまうのですね。

そして、もちろん、「お金がない」と同じように、「自由がない」という想いがあるからこそ、私たちは、「時間がない」と繰り返す。仕事に費やす時間はあっても、自分の勉強読書に使える時間はないというサラリーマン氏の嘆き。家事に時間がとられてばかりで、自分の趣味にさける時間がないと愚痴をこぼす主婦。

でも、本当にそうだろうか。私たちは、自分のしたいことには時間は惜《お》しむことなく使っているはず。その時間がないと嘆くサラリーマン氏も、会社帰りに居酒屋に立ち寄る時間はあるし、家事に時間がとられると愚痴る主婦も、ランチに出かけおしゃべりに花をさかす時間はある。それに、どちらも、スマートフォンの画面をいじる時間を持っている。

私はこう思うのです。**本当に時間がない人は、「時間がない」とは言わないと。**そう、「時間がない」と言っているヒマさえ惜しんで仕事をして家事をする。おそらく、懸命に働かなければ生活が成り立たない経済的な事情を抱えているか、あるいは、自らが意図意志してやらねばと思っている社会貢献事業に邁進《まいしん》しているか、そのどちらかの人たちは、「時間がない」とは言わないのです。なぜなら、このような人たちは、**「ある時間」をいかにして使おうかという思考と行動の持ち主たち**だから。

だとしたら、「時間がない」とは、じつは「お金がない」と言うのとは逆に、「自由はある。ただし不自由なことに使う時間はない」という主張なのですね。

無自覚な「ない」という口癖。
本当に「ない」ものは何だろう。

02 口癖に現われる支配の欲求

「してくれない」と言い続ける妻

たしかに、家事は積んでは崩しの連続作業。時間をかけて整えた食卓も、たちまち汚れた食器の山となり、干《ほ》して畳《たた》んだ洗濯モノも翌日にはまた洗濯機に放り込まれ、さっき片づけたばかりのはずのテーブルの上には、もう何かが乗っている。そう、家事仕事は、ともすると虚しいばかりの何の生産性もない労働に思えてしまうのも無理はない。

しかも、それに対する家族の評価は、とてもつれないことがほとんど。毎日毎日の家事に対して、毎日毎日大きな声と満面の笑顔で感謝を表現してくれる夫や子どもたちを持っている主婦が、どれだけいるのだろう。ごく稀《まれ》にあるかもしれないケースぐらいに思ったほうが妥当。そして、その妻も、同じく、毎日毎日満員電車に乗って出勤していく夫に、毎日毎日優しい声と微笑《ほほえ》みで感謝を伝えているかといえば、これもまた稀なケースと言っていいだろう。

それでも、妻は夫に家事を期待する。なんとか、いえ、少しでも協力してくれないだろうかと。それに、今は「イクメン」とか「カジメン」などという言葉もあるくらいだ。

家事に夫が積極的に参加するのがトレンド、いきおい、妻の期待度は高まるばかりなのです。

なかでも妻が夫に期待するのは断捨離。料理でもなく、洗濯でも掃除でもなく断捨離。なぜなら、妻が日頃からこころよく思っていない夫の所有物たち――妻の目から見てどうにも理解不能なキャラクターグッズのコレクション、ただ積まれているだけで読んだ形跡もこれから読まれる気配も感じられない本たち、かつて一時期熱をあげていたけれど今はくたびれ錆《さ》びついた出番のないアウトドアグッズ――それら妻にとって目ざわりなグッズを始末してほしいのですね。

さて、そんな妻たちは、どんな憂き目にあうのでしょう。たいていの場合は玉砕《ぎょくさい》。夫は妻の要求に反論してくるか、ダンマリを決め込み無視するか、もっとモノを溜め込むか、そのいずれか。だって、誰であれ、命令とも受け取れる指示や要求に素直に従う気になれませんから。

そうして妻の口癖はこうなる。「夫は何もしてくれない」と。片づけてもくれない、捨ててもくれない。私ばかりが片づけて、夫は何もしてくれない。

そして、こんな妻はこう言うのです。「片づけさせるには……」「捨てさせるには……」と思いあぐねながら、「夫に協力させるには、どうしたらいいでしょうか」と私に尋ねてくるのです。

そう、**「させる」**と**「してくれない」**はどうもセットになっている言葉のようです。

「してくれない」という言葉は、「させよう」と躍起《やっき》になった結果、出てくる言葉。させようとする行為は、相手に対して自分の期待どおりに行動することを強要することに他ならない。けれど、本人は決して「させよう」とすることが強要とは思ってはいない。なぜか。それは自分が正しいと思い込んでいるから。

正しいことを相手に求め期待することに何の非があるというのだろう。でも、残念ながらその正しさは妻にとっての正しさにすぎず、夫にとっては、ガラクタと化したキャラクターグッズも、山のような本も、用済みのアウトドアグッズも、自分にとっての正義の味方ともいえる品々。妻の攻撃に晒《さら》されれば晒されるほど、かえって意地でも正義の味方に固執するのです。

「させたい」という暴力

さあ、ここで問題を整理しておきましょうか。

ここで論じているのは夫婦の「断捨離バトル」ではありませんよね。「してくれない」という言葉について。その「してくれない」という思いにいつもかられているということ。

もしも、「してくれない」と不満を溜め込み愚痴を垂れ流し続けているのであるならば、その相手とのコミュニケーションの取り方を考え直す必要があるということ。

「してくれない」とセットである「させる」は、相手を自分の思うようにコントロールしようとしているからこそ出る言葉。コントロールは暴力的コミュニケーションにしかすぎないことをよくよく承知しておく必要があるだろう。このことは、なかなか気がつきにくいことでもあるし、また、自分でそれを認めることはなかなか簡単ではないですが。

それでも、暴力には、暴力でしか戻ってこないことは明らかなこと。相手が、自分の思うとおりに**対応してくれない**のは、つまり、相手が、反撃、無視、という暴力的コミュニケーションで反応してくるのは、とりもなおさず、自分が相手を**コントロール＝支配しようという暴力**をふるったからなのです。

”

「してくれない」という愚痴は、「させよう」が招く。

“

03 口癖と言い回しに現れる「自分」の存在

流行《はやり》言葉と所属欲求

流行とは、ある現象が一時的に世間に広まること。

洋服に流行があるように、食べ物にも流行があり、言葉にも流行があります。

流行の服は買いに行く、あるいは作らなければ着られませんし、流行の食べ物も食べに行くか自分で作るかしなければ、食べることができません。でも流行の言葉は、どんな言葉が巷《ちまた》で流行《はや》っているのかを知りさえすれば、すぐにでも自分の口から発することができます。

流行《はやり》言葉を使うか使わないかは、個人の自由。知っていても知らなくても、特に問題はありません。けれど、私たちはどういうわけか流行言葉を知らないと恥ずかしいと思い、流行言葉を知っている証として、流行言葉を会話の端々《はしばし》に差し挟《はさ》もうとする傾向があります。

言葉は星の数ほどあり、流行言葉を使わなくても会話はできるはずなのに、あえて流行語を使おうとするのは、いったいどういう心理によるものなのでしょう？

流行のものを取り入れようとする心理は、所属欲求に由来するもの。

所属欲求とは、ある集団に所属して生活したいという欲求のこと。

人は一人では生きられません。それゆえに、所属欲求を持つことは本能的なことであり、ごく自然なことなのです。

つまり、自分が属している集団のなかで流行っている言葉を使うことによって、人は自分がその集団に確かに所属していることを周囲に知らしめ、自分自身でもその事実を確認しているわけです。

けれど、所属欲求を満たしたいという自分の気持ちに無自覚なまま、流行言葉を意味もなく繰り出したくはありません。

流行言葉は、多くの場合、その本質的な意味が理解されないまま、所属欲求を満たすために使い回されます。意味を伴わず、その響きだけが使い回されるがゆえに、陳腐化していきます。

奥ゆかしいいい言葉だったのに、流行言葉として意味もなく使い回された結果、もともと持っていた意味までやせ細ってしまった。そんな運命を辿《たど》った言葉を、私たちはいくつか知っていますよね。

ところで、あっと言う間に普及し、あっと言う間に消えてしまう流行は「ファッド」と呼び、長期間流行し、その社会に定着する流行を「ファッション」と呼ぶそうです。

たとえば、ジーンズはまさに「ファッション」になっていますよね。流行語もファッションになってこそ、日常でセンスよくまとえるものになるのです。

自分不在の「〜が望まれます」

「一刻も早い解決が望まれます」

「抜本的な対策が望まれます」

テレビのニュースで現場中継をしているレポーターが、結びの言葉として用いているこうした言い回し。私はこの「〜が望まれます」という言葉遣いが、無性に気になります。

「望まれます」では誰がそう思っているのか定かではありません。現場を見て、「早く解決すべき」「対策を講じるべき」と肌で感じているのはそのレポーター本人なのに、どうして「望みます」と言わないのか？

「望まれます」では、メッセージ性が弱いし、そもそも責任回避をしているような印象を受けるのです。レポートをするのであれば、自分の感じたことについて責任を持って伝えてほしい。そう思うのです。

日本人は、遠回しに物事を表現する婉曲《えんきょく》表現を好みます。婉曲表現は人との衝突を回避したり、人からの干渉を抑制する効果があります。

相手の気持ちを慮《おもんぱか》り、自覚的に婉曲表現を使うのは奥ゆかしいことです。

けれど、自分の責任を回避するために、無自覚に遠回しな言い方をするのは姑息《こそく》です。

「望まれます」と同じように「ともすると～になりかねません」という言い方にも、責任逃れをしているような印象を受けます。

「～なります」と言ったほうが、メッセージもストレートに届きますし、聞いていて気持ちがいい。

言い回しや表現方法には、言葉を発する人の心の姿勢が現われます。自分の言葉に責任を持つと同時に、その言葉を伝えるときの心の姿勢についても、つねに自覚的でありたいですね。

二重否定で刷り込まれる「自分」へのダメ出し

私がとっても気になる言葉の言い回し。けれども、誰もが平気で使う。男女問わず、年齢も問わず、職業にも地位にも役割にも関係なく、何時《いつ》でもどこでも口にする言い回し。

それは、二重否定。「～しないとダメだ」という表現。

私がこの二重否定の表現を初めて意識したのは、結婚して舅《しゅうと》姑《しゅうとめ》と同居してから。それ以前は、おそらく私自身も意識することなく使っていたに違いない。

たとえば、舅は妻である姑にいつもこうやって話しかけるのです。推奨するべきテレビ番組があると、「この番組、見ないとダメだぞ」。また、食べるべきだと舅が考えた栄養価のある食べ物があると、「この食品、食べないとダメだぞ」。または、運動のため歩くべきと考えたならば、「歩かないと、ダメだぞ」。そして、姑は、夫である舅の言葉かけに、つねにこうやって応えるのです。「ああ、見ないとダメだね」「そう、食べないとダメだね」「あら、歩かないとダメだね」と。

相手に対するダメ出し、自分に対するダメ出し。その応酬。

舅姑の会話を傍《かたわ》らで聞くともなく聞いていた私は、当初、この違和感の理由がわからなかった。けれど、たしかなことは、この「ダメ」がとても耳障《ざわ》りで気に障る言葉であったこと。そして、ようやく気がついた。舅も姑も決して「ダメ」だと言う必要のないことにもかかわらず「ダメ」を持ち出していることに。もちろん、まったく無意識に用いていることに。

じつは、舅の伝えたいことはこうであったはず。「この番組、見るとためになりそうだな」。姑は「そうね、見ると面白そうね」と思ったはず。同様に、「この食品、食べると健康によさそうだね」「ああ、食べると、美味《おい》しそうね」。「歩くのは、いい運動になりそうだね」「はい、歩くのは、身体にいいことね」。

けれど、なぜだか、「ダメだ」＆「ダメね」の会話に終始する不思議。

この不思議会話は、舅姑の二人に特徴的なのかしらと思ったものの、嫁ぎ先の北陸の片田舎、小さな町のご近所さんたちとの会話にも、この二重否定のダメが溢《あふ》れていました。

「雨が降りそうだから、傘を持っていかないとダメよね」「そろそろ、雪の季節、雪よけの準備をしておかないとダメだね」等々。ここでも、「傘を持っていったほうがいいね」「雪よけの準備をしておいたほうがよさそうだね」とはならない。ならば、この二重否定は、天候に恵まれない北陸に特徴的な地域性なのか。そして訝《いぶか》る私が出した結論はこれ。そう、日本中、いたるところで、誰もがこの二重否定によるダメ出しを好んで使っているのだと。

「勉強しないと、ダメでしょう」と母親。

「片づけないと、ダメでしょう」と学校の先生。

「この薬を飲まないと、ダメでしょう」と看護師さん。

マスコミに登場する評論家だって、「こうしないと、日本はダメになる」と論評するし、政治家だって、「政治を変えないと、ダメだ」と演説する。経営者だって、「合理化をしないと、ダメだ」と指示を出す。そう、ダメのオンパレード。決して、「こうするといい」という建設的な表現はしない。

どこまで「ダメ」という言葉を繰り出して、自分たちに、ダメを刷り込んでいくのだろう。

「二重否定」の表現は、もともと内容を強調するために用いられる語法。けれど、これだけ蔓延《まんえん》していると、そのお役目もかき消されてしまっていますね。

しかも、この二重否定、私たちは、独り言のように自分に対しても使うのですね。「早く食事を済ませないと、ダメだわ」「さっさと片づけないと、ダメだわ」「もう、寝ないと、ダメだわ」

どうでしょう。自分への無意識な「ダメ攻撃」は、いい加減やめてもいいですね。でも、だからといって、「二重否定をやめないと、ダメだわ」とは、どうぞ自分に言わないでくださいね。そう、この言い回し、それはそれは根深く染みついているので用心がいるのです。

“その言い回し、無意識な口癖になっていないだろうか？”

第5章

「大丈夫」「ごめんなさい」「お蔭さまで」

そこにある人生の記憶

01 口癖に現われる人生の記憶

私の口癖が「大丈夫」になった、小学校時代の記憶

スケジュールがぎっしり詰まっていても、「大丈夫！」。原稿の締め切りが目の前に迫っていても、「大丈夫！」。私はこの「大丈夫」という言葉を発することで、たいていのことを切り抜けてきたし、今も「大丈夫」と言ってたいていのことに対応しています。もちろん「大丈夫」

であるという根拠はまったくないのだけれど。

そう、「大丈夫」は私の口癖なのです。

いつからこの言葉が口癖になったのかというと、それはまだ私が小学一年生だったときのこと。

クラスの「忘れもの係」に、私が指名されたのです。

私は、ボーッとした子どもでした。通知表も4が一個、2が一個であとは全部3といったごくごく普通の成績で、おそらく存在感も希薄だったはず。もちろん、人を引っ張るようなリーダーシップも持ち合わせていなかったので、当然、委員や係とは無縁でした。

そんな私が、こともあろうに「忘れもの係」に推薦されたのです。

この忘れものばかりしている私が。

思いもよらない指名に、私は「自分でもできるかしら」という不安を持ちつつも、「係のひとつくらいやらなくちゃ」という責任も感じたに違いありません。

そんな葛藤《かっとう》を心に抱えた私に、担任の教師が「お前、大丈夫か？　できるか？」と畳《たた》み掛けたのです。

当時の私は、その教師の目から見るとよほど頼りなかったのでしょう。もちろん自覚はありましたが、案の定の言葉が案の定の如《ごと》く投げかけられたことに対して、私は戸惑《とまど》いとともに悔《くや》しさも感じたのでしょう。

そして一瞬口をつぐんだ後「大丈夫です！」と言って退《の》けたのです。

その「忘れもの係」を「大丈夫」という言葉どおりにやり遂げたのかどうかは、記憶にありません。おそらくお粗末な仕事ぶりだったことでしょう。でもそれ以来、「大丈夫」は私の口癖となりました。

そして、時には大丈夫でもないことも「大丈夫」と言い、大丈夫でない結果を招き、周囲からの評価を下げ、自己評価を下げたこともあったでしょう。

でも私は「大丈夫」という言葉が大好きです。

かの一休《いっきゅう》禅師は、他界する直前に「この先、どうしても手に負えぬ深刻な事態が起きたら、この手紙を開けなさい」と、弟子たちに一通の手紙を残しました。

数年後、重大な局面を迎えた弟子たちは、今こそ師の知恵を仰ぐべきと、件《くだん》の手紙を開封。するとそこに書かれていたのは、

「大丈夫、心配するな、なんとかなる」という言葉。

弟子たちは、顔を見合わせて吹き出し、ひとしきり笑った後に、難題に立ち向かう勇気が湧《わ》いてきたと言われています。

出典は不明とのことですが、たとえ作り話であったとしても、いい話ですよね。

「大丈夫、心配するな、なんとかなる」

この楽天的な言葉、私はこれからも使い続けるでしょうね。

使い続けたい言葉、
それはあなたにもあるはずです。

02 好きな言葉は「ただいま」と「ごめんなさい」

「ごめんなさい」は優しい言葉

自分の過《あやま》ちを詫《わ》びたり、自分の失礼に対して許しを請《こ》うときに使う言葉「ごめんなさい」。

私は「ごめんなさい」という言葉にまつわる、二つの強烈な思い出があります。

ひとつは、ヨガでお付き合いのある年上の女性から聞いた話。彼女は、舅《しゅうと》、姑《しゅうとめ》、小姑《こじゅうと》がいるストレスフルな家に嫁ぎました。長男が小さい頃、彼女はつねにイライラしていて、長男をしょっちゅう叩いていたといいます。その長男が成人してから、彼女は「お母さんはストレスがいっぱいあって、あなたのことをいっぱい叩いた。そのたびにあなたは『ごめんなさい』と言ってくれた。ほんとうに申し訳なかった。お母さんこそ、ごめんなさい」と彼に謝りました。

母の謝罪にこの長男は「僕が悪いことをしたから、お母さんは僕を叩いたんだよ。お母さんのこと、僕は全然悪く思っていないよ」と言ったそうです。

私は、この話を聞いて切《せつ》なさで胸がいっぱいとなったのを、今でも思い出します。

もうひとつは、私事です。彼女の話を聞き、私も息子を叩いたときのことを思い出したのです。まだ息子が二歳になったばかりの頃です。いたずらをした息子に対し、私は手を上げてしまった。

息子を叩いたのはそのときだけですが、私はあきらかに自分が溜《た》め込んでいたストレスのはけ口として手を上げたのです。息子のいたずらは叩く口実にすぎないことを、手を上げた私自身が何よりも知っていました。

そんな親の勝手な事情も知らずに、息子は「お母さんごめんなさい、ごめんなさい」と泣きながら謝りました。この「ごめんなさい」は、とても堪《こた》えました。こちらこそ申し訳ないことをしたと。悪いのは私、あなたのお母さんのほうなのに。

ヨガの先輩に倣《なら》い、私も成長した息子にそのときのことを「ごめんなさい」と謝りました。もちろん彼は叩かれたことなどまったく覚えていませんでしたが、私としては、きちんと謝り、ケジメをつけたかったのです。そう、私自身のケジメとして。つまり息子に謝るのは、私自身のためだったのです。

「ごめんなさい」と謝るのは、時として難しいことがあります。

謝りたい気持ちはあるのに、自分の非を認めたくないばかりに「ごめんなさい」が言えないこともあります。

謝りたい気持ちはあるのに、そのタイミングを逸してしまい「ごめんなさい」を言いそびれることもあります。

でも「ごめんなさい」は「有難《ありがと》う」と同様に、いえ、それ以上に優しさを運ぶ言葉です。

人の気持ちを和《やわ》らげ、硬直した状態を解きほぐす「ごめんなさい」。

相手に「ごめんなさい」をきちんと言うことは、自分自身を罪悪感から解放し、自分自身をも許すことでもあります。

「有難う」と同じように、適切に、惜《お》しむことなく使っていきたい言葉です。

「ただいま」に励まされたあの頃

息子が小学校に通っていた頃。学校から帰って来た彼が元気よく言う「ただいま」が大好きでした。その「ただいま」を聞くだけで、息子が学校で楽しく過ごせたことが感じられました。「おかえり」と私が玄関に行くと、すでに息子は遊びに出かけてしまい、ランドセルしか転がっていなかったのですけれどね。

「ただ、今ここにいる」「今この瞬間を生きている」

そうしたはち切れんばかりの存在感と生命力を、私は息子の「ただいま」に感じとっていたのでしょう。

私は彼の「ただいま」を聞くたびに励まされ、勇気をもらっていたのです。

私たちは、時として今を忘れ、過去に迷い込んだり、未来を彷徨《さまよ》ったりします。過去を振り返り、未来を展望することは大切です。けれど、私たちが軸足を置いているのは今であり、この瞬間なのです。

生きている今に感謝し、この瞬間をどう生きるかに焦点を合わせていたいと思うのです。「ただいま」は、そのことをいつも私に確認させてくれる言葉です。

”あなたに響く言葉、それは何ですか？“

03

心が和《なご》む言葉

「お蔭さまで」

「お蔭さまで」と何かにつけて思う。だからなのか、この「お蔭さまで」という言葉が、知らず私の口をついて出ることになるのでしょうね。

ところで、この「お蔭さま」の「蔭」とは何をさすのだろう。「御蔭《おかげ》」を辞書で引けば「神仏のたすけ」とある。簡単に使ってはいるけれど、よくよく考えてみれば不思議なこと。

「蔭」なので実体も実態もないことは明らかですよね。私たちが、この「お蔭さまで」という言葉を持ち出すとき、それはどうにも説明できないような有難い経験や体験に対しての感謝のあらわれ、あるいは、感謝以上の畏敬《いけい》の念と言ってもいいのかもしれない。

それでも、「お蔭」の対象が明らかなことはある。「あなた」の協力のお蔭で今の私がある場合もある。また、あの「出来事」を経験したお蔭で今の私があるのかもしれない。それでも、やはり、「お蔭さま」とは、なにかしらの縁や出逢いを計《はか》らってくれたであろう目に見えないメカニズムに対して想いを巡らせたときに出る言葉ではないかと思うのです。

そう、「お蔭さま」の「お蔭」とは、私たちを見守り、時に助けの手を差し伸べてくれて、でも、決して、自分の存在を誇示することのない奥ゆかしい存在。たとえば、ご先祖様なのか、守護霊なのか、仏様なのか、見えない世界の住人がイメージしやすいですよね。しかも、それは超常現象的な何か特別なことを起こしてくれているのではなく、毎日毎日、ごく当たり前に暮らし生きている営みの中での見えない計らいであると思うのです。

たとえば、私はこんなことを考える。

今、目の前に運ばれてきたお気に入りのカップ一杯のコーヒー。このコーヒーが私の元にやってくるまで、どれだけの人の手を経てきたことか。辿《たど》っていけば、このコーヒー豆を収穫してくれた人のところまでいくはず。その前にコーヒー農園の土地を耕作し栽培してくれた人もいる。また、そんなに遠くまで思いを馳《は》せなくても、焙煎《ばいせん》をして抽出をして素敵な香りと味を引き出してくれるコーヒー店のマスターもいれば、それを給仕してくれるウェイトレスさんだっているのです。つまり、私がこのカップ一杯のコーヒーを味わいほっと一息つけるのも、これら大勢の人たちのお蔭さま。

けれど、それらの人たちの手だけではなく、コーヒー豆が栽培収穫されてから私たちの手元に届くまでの一連の流れ、それを物流とか流通というのだろうけれど、その

「流れ」を担って取り仕切っている人たちもいる。

加えて、流れの全体をつねに見守っているだろうなにかしらの存在があるように思えてならないのです。いわば、天からの高い視点で、その流れ全体を俯瞰《ふかん》している統括本部のような、さらに見えない「蔭」の存在があるに違いないと思うのです。

想像力と俯瞰力と三つの「お蔭」

だから、お蔭さまの「お蔭」とはこの三つがある。

自力と他力、そして、自力と他力を調和させているもうひとつの力。

それを一杯のコーヒーでたとえるならば、懸命に働いてコーヒーづくりに携《たずさ》わっている自力集団。それら個別の仕事をオペレーションして流通を促《うなが》す他力集団。そして、自力集団と他力集団を俯瞰しながらバランスをとっている大いなる力。

どうでしょう、すこしばかり想像を逞《たくま》しくし過ぎたかもしれないですね。もちろん、私だって一杯のコーヒーが運ばれてくるたびに、「お蔭さまで、お蔭さまで」と唱えながら手を合わせているわけもなく。それはそれで、なんだかとても鬱陶《うっとう》しいような行為だとも感じるし。

「お蔭」とは、どこまでも陰の存在。「蔭」が自分をアピールしだしたら、それは「蔭」ではなくなる。だから、「お蔭」とは、私たちがどこまでも察していかなくてはならない存在。そして、だからこそまた、「お蔭さま」と思う気持ちも**さりげなく表現**できたら素敵だなと思うのです。

そうだ、お蔭さまと思えるのは**想像力**があってこそ。**俯瞰力**という思考の位置取りあってのこと。だから、もしも、想像力に乏しく俯瞰的思考に欠けたとしたら、「お蔭」からの**さりげない加護**からは遠のいてしまうことだけは覚悟しておいたほうがよさそうですね。

何気なく、さりげなく、
「お蔭」はいつも私たちのそばにいる。

第6章

「めんどくさいから」「つまらないから」「しょうがないから」

もしかしてそれは
「踏ん張り時」のサイン
かもしれない

01 始末のいい女《ひと》に

語尾まで丁寧に話せる人は美しい

アナウンサーは、語尾まできちんと話しています。もしも司会者やニュースキャスターが語尾を濁《にご》したり、語尾を言わずに尻切れとんぼで話を終わらせたりしたら、言いたいことがわからず、聞いている側はフラストレーションが溜《た》まってしまうことでしょう。

言うまでもなく、語尾までしっかり話すことは、話の基本なのです。

ところが、日常生活においてはどうでしょう？

普通の会話では、語尾まで言わなくても、おおよその内容は理解できるし、相手にもある程度伝わります。そのため、語尾まで言い切っていることは意外と少ないのではないかと。

お互いに意思が伝わり、気持ちを理解できるのであれば、語尾まで言わずとも、コミュニケーションは成り立っているといえますね。

けれど、言葉は意思を表わすもの。自分の意思を表明するのであれば、最後まで言い切りたいもの。

「終わりよければすべてよし」というわけではありませんが、私は語尾まで丁寧に話す人に好感を持ちます。

ひとつの文章を最後まで話す姿勢に、始末のよさを感じるからです。言葉にきちんと始末がつけられる人は、自分の人生にもきちんと始末をつけているように感じるのです。

言いっぱなしではなく始末をつける。やりっぱなしではなく始末をつける。一つひとつきっちり始末をつけてから、次のステージに進んでいるような気がするのです。

実際、語尾まで丁寧に話している人は、話の内容もしっかりしています。自分の言葉に責任を持つ態度が、語尾にも現われるのでしょう。語尾まで丁寧に話すことは、一つひとつ丁寧に始末をつけている生き方の象徴なのです。

たとえ大勢の人に向かって話すのではなくとも、身近な家族に話すのであっても、親しい友だちに話すのであっても、幼い子どもに話すのであっても、語尾まで丁寧に話せる人になりたいです。

始末について思うこと

「物事の始めと終わり」を表わす「始末」という言葉。これもまた多面的な言葉で、「後始末」や「始末に負えない」など、ネガティブな意味で使われる一方で、「物事の締めくくりをつけること」「浪費をしないよう気をつけること」というポジティブな意味で使われることもあります。

ちなみに大阪では、何ひとつ無駄にせず、きちんと計画どおりに行なうことを「始末の精神」と言うそうです。また京都では食材でも着るものでも何でも最後まで使いこなすという意味合いから、「嫁をもらうなら始末のいい娘をもらいたい」と言うのだとか。

こんな話を耳にし、私はいつしか「始末のいい女」になりたいと思うようになりました。

最初は乾物類をきちんと使いこなせる女になるのが目標でした。なぜ乾物なのかといえば、乾物は食材のなかでも、保存がきくからこそ放置されがちだから。

そして、今私が目標にしているのは、言葉遣いの始末を究《きわ》めること。

を配りたい。

「始末」は始まりと終わり。終わりである語尾はもちろん、始まりとなる挨拶《あいさつ》にも気を配りたい。

以前、何となく聞いていたラジオ番組のなかで交わされた、キャスターとゲストのやりとりが印象に残っています。

ゲストは日本語が堪能な駐日大使。番組の進行を務めるキャスターは、「今日は誰それさんがお見えになりました」と言うや否《いな》や、その駐日大使に向かっていきなり質問を始めました。するとその大使がキャスターの質問を制止して、「お話を始める前に、まずラジオを聞いてくださっているみなさんにご挨拶をさせてください」と言ったのです。

かっこいいなと。あんなふうに言えるようになりたいと思いましたね。

やはり「終わりよければすべてよし」ではありませんね。終わりに気をつけるなら、始まりにも気をつけたいもの。

挨拶なしに、いきなり用件から入る人もいますが、話を聞く準備を整えてもらうためにも、挨拶は重要です。身内であっても、すぐにでも話したいことがあったとしても、まずは「おはよう」「おかえり」と挨拶をし、ひと呼吸入れてから話を始めたいですね。はい、これ、私の課題でもありますが。

言葉にも始めと終わりがあるのです。

02 愚痴と願望と決意と

愚痴はこんなに罪が深い

明け暮れ同じ話を繰り返し相談する人がいる。その同じ話を繰り返している当の本人は、よほどの解決困難な問題を抱え深刻な悩みのなかにいるのだろう。でないと、こんなにも長い間、同じ話をし続けるエネルギーが確保できるわけはないですね。

けれど、残念ながら、その答えは「否」と言うしかない。たいていの場合、それは「愚痴」という類《たぐい》のものでしかなく、愚痴は解決する気がないからこそ垂れ流されるものであり、垂れ流し続けることが可能なシロモノなのだから。

愚痴とは罪深い。なぜなら、愚痴を聞かされる相手からエネルギーを奪《うば》いとっていくものだから。つまり、愚痴とは、誰かが解決してくれたらいいなという願望はあるにせよ、自らが主体的となって解決する気のない問題を語り続けること。愚痴を語るということは、自分が悲劇のヒロインであり続けられることであり、悲劇のヒロインのポジションに位置することで他者からの注目を得ようとする自己重要感を満たすための方法であり、そもそも愚痴の因《もと》となっている対象事が解決してしまうと、そのポジションを自分で放棄することになる。そう、だから、問題は解決してはならないのだ。解決してはかえって困るのだ。

したがって、愚痴はずっと語られ続けることになるのです。その周りにいる人々に静かに少しずつダメージを与えながら。

解決したくないのだから

ところで、愚痴とは、どんな場合に一番垂れ流されやすいのか。それは、言うまでもなく人間関係の問題。そのなかでも、特に配偶者についての愚痴が一番多いようですね。つまり、夫の愚痴が一番登場しやすいもの。

では、その逆、夫の妻に対する愚痴はどうなのだろう。その愚痴は、ずっと頻度も量も少ないのが事実。なぜなら、夫は、一応、心得ている。自らが、自分の妻を愚痴の対象とすることは、自分で自分の評価を下げることになりかねないということを。自分のお粗末な妻を愚痴ることは、即《すなわ》ち、そんな妻を持った夫である自分のお粗末さの証明をしてしまうことになるから。男たるもの、自慢の妻を持ってこそ男なんだと、そんな思い込みのなかにいるようです。

けれど、妻は違う。妻にとっての自分の証明は夫でなく子ども。自慢の子を持ってこそ自分の重要感が満たされる。しかも、それが愚痴るほどの夫を抱えての子育てであるならば、かえって自分の評価が上がることもある。
かくして、妻は夫の愚痴を垂れ流す。周囲の人々から奪ったエネルギーを元手にしながら。そうして、散々、愚痴を言った後に、こんな言葉を最後に繰り出すのです。

「私、どうしたらいいのでしょう」

この最後の「どうしたら……」に騙《だま》されてはいけない。「どうしたらいいのか」と相談されたのだと思ってはいけない。それを真に受けて懸命に解決策を考え提供したとしても、それに対して、「でも……」「だって……」と、一見やわらかそうな、そのじつ、頑《かたく》なな抵抗言葉が返ってくるだけ。そして、もしも、「わかりました、そうしてみます」という解決策への同意言葉が返ってきたとしても、それを信用してはいけない。たいていの場合、それは実行に移されることなく済まされ、一週間後にはまた同じことを聞かされるのが関の山、いえ、時には翌日かもしれないと覚悟しておいたほうがいい。

じつのところ、「私、どうしたらいいのでしょう」という言葉の真意はこのどれかに当てはまると私は考えている。

どうしたら、失敗しなくて済むのでしょう。

どうしたら、損をしなくて済むのでしょう。

愚痴とは、これら「失敗と損」を怖れているからこそ繰り出されてくる言葉。だから行動には決して結びつかない。少なくとも、失敗も損も行動さえ起こさなければ招《まね》かなくて済む結果ですから。

つまり、たとえば、明け暮れ夫の愚痴を垂れ流し続ける妻に対して、そんなに厭《いや》で不満があるならば「別居や離婚を視野に入れてみては」と提案したとしても無駄なのだ。言うまでもなく、その妻は、別居や離婚に伴って想定されるダメージを受け入れてまで現状を変える気など元からないのですから。つまり、

愚痴を好んで語る者は現状維持を好んでいる。

だとしたら、愚痴に付き合うことほど無駄なこともないだろう。「有難う、愚痴を聞いてもらってお蔭でスッキリしたわ」という言葉だけで満足できるならば、愚痴に付き合うのも一興かもしれない。でも、それさえも、よほど時間が余って退屈でもしているときに限ったほうがよさそう。

愚痴とは、解決する気がないからこそ出るもの。それが愚痴の本質だとよくよく心得ておきたい。

「あなたは、どうしたいのですか」

さてさて、愚痴の最後の締めくくりである、「私、どうしたらいいのでしょう」という嘆息に、もしも出逢ったならば、こういった質問返しが効果的に機能する。

「あなたは、どうしたいのですか」

これは、自分自身の欲求に向きあう言葉。自分の思考、感覚、感性に素直になることを促《うなが》す言葉。

そうですね、私たちは、どうにも自分の本当の欲求を誤魔化《ごまか》すことが得意。そして、なぜ誤魔化すかというと、自分でその欲求を満たすことができないと思い込んでいるから。できないと思い込んでいるからこそ、その欲求を包み込むのですね。でも、包み込んだはずの包装がやがて綻《ほころ》び破れて愚痴となって漏れ出してくるのです。

「どうしたいのか」という自分自身への問いかけは、できるできないという可能性に囚《とら》われている「私」を解放してくれる言葉。物事はやってみなければわかりませんものね。

それでも、愚痴には付き合わないほうがやはり得策。なぜなら、「あなたは、どうしたいのですか」という問いかけへの反応が、「どうしたいのかもわからないから悩んでいるのです！」などと、また愚痴られるリスクは大いにありますからね。
愚痴とは、どこまでも、思考停止と感覚麻痺と感性鈍化を自分に招いてくる。だとしたら、人の愚痴にお付き合いする時間とエネルギーは、自分自身の愚痴の検証に使ったほうがいいですね。
さあ、愚痴っぽくなってきたら、こう、もう一人の自分に尋ねてみようか。

「お前さん、いったい、あなたはどうしたいのかしらね？」

そんな自分への繰り返しの問いかけ言葉で、いつのまにか「成果主義」に陥《おちい》ってしまった自分をねぎらう思考感覚感性を取り戻していくのです。そうすれば、やがては必ず自分の欲求とその満たし方が見えてくるのです。

語尾の意味するもの

「したい」と「します」。この語尾の意味するもの、大きく違うことは説明するまでもないこと。前者は願望、後者は意図意志がある宣言。言葉そのものの力強さが違う。そして、その力強さのとおり、実際、身体にこもる力も違ってくるのです。言葉と身体の不思議とも、また、当然とも言える関係には驚くばかりです。

「したい」という願望言葉も、前述の愚痴に近いものもあれば、意図意志に近いものもある。まず、この違いを見極めておいたほうが賢明のようです。「したい」という話を共にすることは、実りのないおしゃべりに時間を取られることにもなるし、また、気晴らしとなることもあるし、ワクワクとした希望に満ちた気分になることもあるのだから。

ところで、この「〜したい」という言葉は、「思います」という言葉とセットとなることが多い。

「～したいと思います」

この「思います」が願望の表現に無自覚に添えられた時点で、この願望はずっと願望のままであり続けると理解したほうが妥当のよう。「したい」と「します」でさえ、著しいモチベーションの差があるのに、訳もなく「思います」という言葉をくっつけて、さらに曖昧《あいまい》さを増しているのだとしたら、本人の意図意志も当然のことながらおぼろげであるに違いないですね。

したいと思います。
したいです。
します。

語尾を変えたこの三つの言い回しを、試しに口に出して比べてみると面白い。口にして音にしながら身体を感じてみるのです。特にお腹《なか》、そう肚《はら》のあたりを。そこに自《おの》ずとこもる力の違いを必ず感じとることができるはず。

言葉は身体に作用するもの。これは、否定しようもない事実。願望に「思います」を従わせ続けているとしたら、身体の力は抜けていくばかり。身体は、自分の宿主《しゆくしゆ》である「私」には協力しないのです。いいえ、協力しないのではなく、「私」の本心を身体は見透かしているからこそ、願望を願望のままでおいておけるように反応して、**肚の力を抜いておいてくれる**のに違いないのです。

試しに、「したいです」と思っている願望を、「します」という宣言言葉に変えてみる。もしも、宣言言葉に変えることに、とても抵抗を覚えたならば、そもそもが、それを心の底から欲していることでもないと判断することができる。また、逆に、強く願っていることを、「したい」「したいと思います」と無自覚に遠慮がちに表明し続ける必要はどこにもないこともわかるはず。

どうでしょう。願望の言葉を婉曲《えんきょく》にしておくのも、言い切るカタチにするのも、私たちは、すべて自分しだいで決めることができる。

そう、なにより問題なのは、言葉に無自覚であること。

無自覚な言葉遣いによって、無意識のうちに影響を受けていることなのです。

そう、言葉は、
私たちの身体をつくっているのです。

03「めんどくさい」「つまらない」「しょうがない」は自分が大きくなるチャンス

宮崎《みやざき》駿《はやお》監督の「あーめんどくさい」

ネガティブに感じる言葉はなるべく使いたくはないけれど、ネガティブな感情が湧《わ》き出てくるのも事実です。それに、ネガティブな言葉を使わなければ、ネガティブな感情が消えるというわけでもありません。けれど、口をついて出てきた言葉から、その言葉を紡《つむ》ぎ出した感情を紐《ひも》解いていくと、自分の気持ちを知ることができます。

自分の気持ちを知り、自分の気持ちを受け入れることで、同じ言葉であっても解釈が変わり、その言葉を発するときの気持ちまで変わってくるかもしれません。

あるドキュメンタリー番組を見ていたときのこと。

番組に登場したのは映画監督でありアニメーターの宮崎駿氏。番組内で机に向かい絵コンテを描く宮崎氏が映し出されたのですが、彼はなんと「めんどくさい」を四六時中漏らしていたのです。そう、宮崎氏は「めんどくさい」が口癖だったのです。

アニメーション制作は、実写と違い、白紙からすべてを描き起こさなければなりません。風になびく髪の毛一本一本まで描かなければならず、少しでも手を抜いてしまったら、それはスクリーン上に如実に現われます。

膨大な数のカットの一つひとつを仕上げていく作業は、完成した映画の鮮やかで華やかな印象とは対照的に、地味でつつましやかで粘り強さを要します。

無から有を生み出す苦しみのなかで、果てしなく続く地道な作業のなかで、宮崎氏は「めんどくさい」「めんどくさい」と漏らし続けるのです。

彼にとって、アニメーション制作は「めんどくさいという自分の気持ちとの戦い」のようなもの。「究極にめんどくさい」と思いつつも、「それならやめれば？」と言われたら「うるせえな」ということになるのだとか。

あれほどの人物でも、自分の仕事に対して「めんどくさい」と漏らすことに私はまず新鮮な驚きを覚えました。そして、「めんどくさい」と言いつつも投げ出すことなくやり続ける、その闘志はどこから湧いてくるのだろうとも。

すると宮崎氏は続けてこんなことを言ったのです。

「世の中の大事なことって、たいていめんどくさいんだよ。めんどくさくないところで生きていると、めんどくさいのはうらやましいなと思うんです」

「めんどくさい」は、踏ん張り時

「大事なことは、たいていめんどくさい」

このひと言で、宮崎氏の口癖がなぜ「めんどくさい」であるのか、理解できました。

そして私のなかで、「めんどくさい」という言葉に対するイメージが変容し、思考のシフトチェンジが起きたのです。

目から鱗《うろこ》が落ちたような気分でした。

「めんどくさい」というのは、**「やりとげなければ」**という気持ちの表われ。「やめられない」という前提があるから出てくる言葉なのかもしれません。

大事なことはそう簡単に断捨離できない。手をかけ暇《ひま》をかける必要があることだからこそ「めんどくさい」と思ってしまうのでしょう。

「めんどくさい」と感じるのは、**私たちの体内センサーが「大事なこと」だと認識した証**と考えることもできますね。

大事なことであるなら、「めんどくさい」と言って投げ出すことはできません。「めんどくさい」ことを理由にして投げ出したくもありません。

大事なことであるなら「めんどくさいけどやろう」「めんどくさいからこそやろう」と自分を鼓舞《こぶ》して立ち向かいたいもの。

そう、「めんどくさい」と感じるのは、踏ん張り時に直面しているということ。そこで踏ん張ることによって、次の道が開けるということ。

大事なことから目を背《そむ》け、やるべきことを回避するために「めんどくさい」と断ち切るのか。

大事なことに目を向け、やるべきことに向き合うために「めんどくさいけれど」と気持ちを鼓舞するのか。

使う人の心の持ち様で、その言葉が持つ意味合い、その言葉が照らし出す方向も変わってくるのですね。

「めんどくさい」と思う感情に蓋《ふた》をする必要はありません。

「めんどくさい」と思う感情を素直に受け止めればいいのです。

「めんどくさい」と思う感情を受け止めたら、そこで一瞬立ち止まり、なぜ「めんどくさい」と思うのか自分に問いかけるのもいいでしょう。

「めんどくさい」と思う気持ちの正体がわかれば、適切な向き合い方が見つかるはずです。

「めんどくさい」と感じたら、まずはひと息入れ、エネルギーをチャージする。そして、もうひと踏ん張りして自分に与えられた大事な課題に取り組もう。そんなふうに思います。

「つまらない」は、突破のチャンス

運を捨てる言葉「つまらない」。

そうですね、この言葉についても、ただ口癖をやめるのではなく、考察の余地がありそうです。

「つまらない」とつぶやくのは、何かに「詰まり」を感じているサイン。これは第1章で書きました。今の暮らし、今の人間関係、今の仕事、ひいては人生に何かの「詰まり」を感じている、その「詰まり」を知らせる内在智《ないざいち》からのメッセージがこの口癖に現われる、と。

「つまらない」とつぶやき、指をくわえているだけでは何も変わりません。けれど、「つまらない」という言葉を繰り出す心の奥底にフォーカスし、そこにフツフツと湧き出している躍動感に気がつけば、「つまらない」は変化を促す言葉に変容する。

「つまらない」と感じたら、その感情に蓋をせず、自分の感性に素直になればいいのです。

「つまらない」と感じたら、自分の感性に従い、現状を突破するべく行動すればいいのです。

ありきたりの枠に囚《とら》われることはありません。

「つまらない」と感じたら、ありきたりのゴールではなく、自分自身が納得できるゴールは何かと問い直してみる。そして、**「つまらない」という言葉の奥に潜んでいる躍動感に油を注ぎ、自分が設定したゴールに向かう原動力に変えてしまう。**そんな発想を持つのです。

「しょうがない」は、潔《いさぎよ》い人生へのステップ

もうひとつ、考えてみましょうか。

変えたい現状があるのに、その状態を変えられないときに漏らす言葉「しょうがない」。

「しょうがない」とは「仕様《しよう》がない」「取り扱いがわからない」ということ。第1章でそう書きました。

行動を起こす前からできない理由を論《あげつら》って、「しょうがない」と現状を放置するのは、単なる怠慢《たいまん》。けれど、あらゆる手を尽くしたうえで、「しょうがない」と諦《あきら》める。この潔さは大切です。

一生懸命やったのに、思うような結果を導き出せない。努力したのに、それが報われない。生きていれば、こうしたやるせない思いをすることはたびたびあります。

私たちは、どういうわけか、諦めなくてもいいことを諦め、諦めなければならないことを諦めないという癖があります。

「しょうがない」が喉元にあるとき考えてみたいのは、その言葉を使おうとする心の態度。

さらに、何に対して「しょうがない」と言っているのか、改めて見つめ直す必要もありますね。

それは、諦めるべきことなのか、あるいは諦めずに行動すべきことなのかと。

行動を伴わずに「しょうがない」と言って済ませたら、不完全燃焼になります。

「仕様がない」と思えるところまでやりきったら、潔く諦めがつくはずです。

やりたくて「しょうがない」ことをやる。それを、「しょうがない」と思えるところまでやり尽くしたら、今まで見えなかった新たな人生のステージが目の前に拓《ひら》けているはず。想像するだけで、わくわくするような躍動感を覚えませんか？

無意識に出た言葉は、自己探訪と解決のチャンス

無意識から湧き出てくる言葉によって、自分の心の状態、気持ちの有り様を知ることができます。

そう、言葉は自分を知る道具でもあるのです。

自分が何を感じているのか、何を思っているのか。自分の思考が察知するよりも早く、言葉はそれらを正確にキャッチします。

そう、言葉は、自分の心を映し出す鏡でもあるのです。

そこに込められた意味を正確に理解しないまま、自分の意図を把握しないまま、無意識に言葉を使っていると、知らず知らず自分自身を消耗《しょうもう》させることになるでしょう。知らず自分自身を損《そこ》なうこともあるでしょう。

言葉が持つ意味を知ることはもとより、その意味を自覚しながら使うこともとても

大事です。

どの意味合いとしてその言葉を選んだのか。どの意味合いでその言葉を使うのか。使う気持ちや態度によって、その言葉が持つ力の働き方も変わってきます。

そもそも、**言葉そのものに、いい悪いがあるわけではありません。**言葉を生み出したのは人だから。

言葉そのものに、いいエネルギーや悪いエネルギーが宿っているわけでもありません。その言葉をあやつるのも人なのだから。

意識的に意図的に使えば、言葉は私たちをサポートしてくれる頼もしい味方になるのです。

“どんな言葉であっても、
最良の関係を築くことはできるのです。”

おわりに

ずっと、言葉について自分の思いを綴《つづ》りたいと思っていた。その理由はきっと、私が、どうにも言葉の手当てにてこずってきたからだと思う。

言葉とは、もどかしいものだ。

私たちは、言葉をもって人とのつながりを築こうとする。言葉を道具としてコミュニケーションを図ろうとする。けれど、言葉をうまく機能させるのはとても難しい。特に感情を表現するには、言葉では足りないことがいくらでもあるから。

そうだ、「言葉にはならない」「言葉にはできない」と感じるときがある。でも、私たちは、なんとかして言葉をつくっていかなくてはならない。どうしても言葉をもって伝えていかなくてならない。それが、私たちと言葉との関係。

言葉とは、暴力的だと思うことがある。

その理由は、私がずいぶんと人から投げかけられた言葉で傷ついてきたという思いを持っていたから。そして、どれだけ、私自身の言葉で人を傷つけてきたのだろうと思うから。けれど、私が傷つけられたと思い込んでいる言葉でも、それを繰り出した人はそんなつもりはなかったのかもしれない。ただ、ほんの少しばかり私をからかってみたかっただけなのかもしれない。私だって、相手を傷つけるつもりなどまったくなく言葉を投げたはずなのに、招いた結果は残念ながらということが幾度もあったから。

言葉とは、宝物だと思うことがある。

たったひと言の忘れることのできない光となった言葉がある。そうだ、誰にも秘密にしておきたい私にとっての大切な言葉。思い返すたびに心が満たされる言葉。そんな言葉を持っている私は果報者なのかもしれない。

時にもどかしく、時に暴力的で、時に宝ともなる言葉の不思議。私たち誰もが、こんな素敵な魔法の道具を与えられているのなら、それを活かしていかない手はないですものね。

そして、この言葉の本を書き終えて、私はこんな気持ちになりましたね。

私は、めんどうでつまらなくてしょうがない人間になろうかしらと。

「面倒」で「詰まらなくて」「性がない」人間とは、自分の命の面倒をみて、命のエネルギーを詰まらせることなく流れさせ、持って生まれた性分にこだわることなく生きていくことのできる人間。

そうなのです。私は、こんな意味を込めてこの言葉たちを使うこともできるのですね。

つくづくと思う。**言葉には意味がない**のだと。言葉にどう意味を持たせるか、どう意味を込めるかは自分しだいなのだということ。言葉をどう機能させていくかは私たちしだいなのだと。

言葉にポジティブもネガティブもなく、言葉の使い方に丁寧も乱暴もない。ポジティブとも思える言葉を浴びせたとしても、それですべてがポジティブになっていくわけでもない。逆に、ネガティブとも思える言葉を与えることによって深い共感を分かちあえることもある。丁寧な言葉遣いが、かえって空々しく響くこともあるだろうし、乱暴な言葉が迫力をもって相手の胸に迫ることがある。

言葉とは、私たち使い手が、どんなときに、どんな場面で、どんな思いを持って、投げかけるのか、それがすべてとなって意味を持つもの。
つまり、言葉とはエネルギー。そして、そのエネルギーの源は言葉の使い手である私たち自身の心の有り様。つまり、**言葉とは、あなたと私のエネルギーの交歓。**

だから私は願う。あの言葉をあの人の魂から投げかけられたいと。そして私は願う。この言葉をこの人の魂に投げかけたいと。

この私のささやかな言葉の本が、あなたとあなたの大切な人との関係をより慈《いつく》しむために、お役に立つことを祈りつつ。

いっぱいの感謝を込めて

二〇一五年春

やましたひでこ

本書は、２０１５年3月、小社から単行本で刊行された
『「めんどくさい」をやめました。』を加筆修正し、文庫化したものです。

一〇〇字書評

切り取り線

購買動機（新聞、雑誌名を記入するか、あるいは○をつけてください）	
□（　　　　　　　　　　　　　　　　）の広告を見て	
□（　　　　　　　　　　　　　　　　）の書評を見て	
□ 知人のすすめで	□ タイトルに惹かれて
□ カバーがよかったから	□ 内容が面白そうだから
□ 好きな作家だから	□ 好きな分野の本だから

●最近、最も感銘を受けた作品名をお書きください

●あなたのお好きな作家名をお書きください

●その他、ご要望がありましたらお書きください

住所	〒				
氏名		職業		年齢	
新刊情報等のパソコンメール配信を 希望する・しない	Eメール	※携帯には配信できません			

あなたにお願い

この本の感想を、編集部までお寄せいただけたらありがたく存じます。今後の企画の参考にさせていただきます。Eメールでも結構です。

いただいた「一〇〇字書評」は、新聞・雑誌等に紹介させていただくことがあります。その場合はお礼として特製図書カードを差し上げます。

前ページの原稿用紙に書評をお書きの上、切り取り、左記までお送り下さい。宛先の住所は不要です。

なお、ご記入いただいたお名前、ご住所等は、書評紹介の事前了解、謝礼のお届けのためだけに利用し、そのほかの目的のために利用することはありません。

〒一〇一―八七〇一
祥伝社黄金文庫編集長　萩原貞臣
☎〇三（三二六五）二〇八四
ohgon@shodensha.co.jp

祥伝社ホームページの「ブックレビュー」からも、書けるようになりました。
http://www.shodensha.co.jp/bookreview/

祥伝社黄金文庫

「めんどくさい」をやめました。
——口《くち》癖《ぐせ》の断《だん》捨《しゃ》離《り》

令和2年8月20日　初版第1刷発行

著　者　やました　ひでこ
発行者　辻　浩明
発行所　祥伝社《しょうでんしゃ》
〒101－8701
東京都千代田区神田神保町3－3
電話　03（3265）2084（編集部）
電話　03（3265）2081（販売部）
電話　03（3265）3622（業務部）
http://www.shodensha.co.jp/

印刷所　堀内印刷

製本所　ナショナル製本

Printed in Japan　© 2020, Hideko Yamashita　ISBN978-4-396-31788-1 C0195

祥伝社黄金文庫

やましたひでこ
50歳からラクになる人生の断捨離
「新しい自分」と生きるために

自分をもてなそう。自分で、今を変えよう。——すべては、自分を「ごきげん」にすることから始まります。

沖　幸子
50過ぎたら、ものは引き算、心は足し算

「きれいなおばあちゃん」になるために。今から知っておきたい、体力と時間をかけない暮らしのコツ。

沖　幸子
50過ぎたら見つけたい人生の〝落としどころ〟

無理しない家事、人付き合い、時間使い……。年を重ねたからこそわかる、そこそこ〝満足〟な生き方のヒント。

杉浦さやか
道草びより

ちょっと寄り道するだけで、「毎日」が変わります。道草の中で見つけた小さな出来事を綴ったイラストエッセイ。

杉浦さやか
ひっこししました
わたしの暮らしづくり

荷づくり・家具探し・庭仕事・収納……「ひっこし」レポート。書下ろし「再びひっこししました」も収録!

遠藤順子
70歳からのひとり暮らし
楽しくやんちゃに忙しく

不満。退屈。心配……そんな暇はありません。遠藤流「やんちゃなひとり暮らし」は、こんなに楽しい!